Manuel Hartmann

Der Hexendiskurs
in der NS-Zeit und
die katholische Kirche

Kirche & Weltkrieg
Band 16

Manuel Hartmann

Der Hexendiskurs
in der NS-Zeit und
die katholische Kirche

edition *kirche & weltkrieg*

Diese Publikation enthält die Masterarbeit des Verfassers (2017),
angefertigt bei Prof. Dr. Wilhelm Damberg, Lehrstuhl für
Kirchengeschichte des Mittelalters und der Neuzeit |
Ruhr-Universität Bochum

© 2024

Manuel Hartmann
HEXENDISKURS IN DER NS-ZEIT
UND DIE KATHOLISCHE KIRCHE

Kirche & Weltkrieg | Band 16
(Buchreihe zur Digitalbibliothek
https://kircheundweltkrieg.wordpress.com)

Satz & Umschlaggestaltung: Peter Bürger.
Umschlagmotiv: Albrecht Dürer (1471-1528),
‚Vier nackte Frauen', 1491 | commons.wikimedia.org
Verlag: BoD • Books on Demand GmbH, In de Tarpen 42, 22848
Norderstedt
Druck: Libri Plureos GmbH, Friedensallee 273, 22763 Hamburg
ISBN: 978-3-7583-8760-9

Inhalt

Auf den Papst der katholischen Kirche, Nachfahre des etruskischen Zauberers, „geht [...] unsere mittelalterliche[1] Weltanschauung zurück, [...] jener Hexenwahn, dem Millionen des Abendlandes zum Opfer gefallen sind", schrieb Alfred Rosenberg in seinem antikirchlichen Buch *Der Mythus des 20. Jahrhunderts.*[2] „Der Hexenglaube [ist] in der germanischen Tradition selbst zu Hause. Auch das Verbrennen der Hexen ist altgermanische Sitte", konterte die Kirche mit ihrer Gegenschrift *Studien zum Mythus des 20. Jahrhunderts.*[3] Diese beiden Sätze stehen exemplarisch für einen Kirchenkampf, der 1933 in der NS-Zeit ausbrach und zu dessen Kampfmittel die Schuldzuweisung des Hexenwahns gehörte.[4]

Einige Wissenschaftler des Nationalsozialismus haben sich mit dem ‚Hexenwahn' auseinandergesetzt, woraufhin ein Konflikt entstand, den Alfred Rosenberg mit seinem Buch *Der Mythus des 20. Jahrhunderts* angestoßen hat. Die Abhandlungen waren jedoch weniger von wissenschaftlicher Natur als vielmehr „Teil des Weltanschauungskampfes"[5] zwischen der katholischen Kirche und dem NS-Regime, in dem die Nationalsozialisten das Ziel hatten, das Ansehen beider christlicher Kirchen, aber insbesondere der katholischen, zu beschädigen.[6] Daneben entfesselte Rosenberg einen innerpoliti-

---

[1] Alfred ROSENBERG, Der Mythus des 20. Jahrhunderts, 33. Auflage, München 1934, S. 69: Obwohl der Hexenwahn im 17. Jhd. stattfand, verorten nationalsozialistische Autoren wie Rosenberg ihn im Mittelalter, weil für ihn dieses erst beendet war, als sich die Menschheit vom „fürchterlichen Spukwesen" der Vorstellung an Dämonen befreit habe. Im Folgenden als *Mythus* zitiert.

[2] *Mythus*, S. 67.

[3] ERZBISCHÖFLICHES GENERALVIKARIAT (Hrg.), Studien zum Mythus des 20. Jahrhunderts. Amtsblatt des bischöflichen Ordinariats Berlin, Köln 1934, S. 14. im Folgenden als *Studien* zitiert.

[4] Vgl. Barbara SCHIER, Hexenwahn und Hexenverfolgung. Rezeption und politische Zurichtung eines kulturwissenschaftlichen Themas im Dritten Reich, in: Kommission für Bayrische Landesgeschichte bei der Bayrischen Akademie der Wissenschaften (Hrg.), Bayerisches Jahrbuch für Volkskunde, München 1990, S. 47.

[5] Barbara SCHIER, Hexenwahn-Interpretationen im „Dritten Reich", in: Sönke Lorenz; Wolfgang Behringer u. a. (Hrg.), Himmlers Hexenkartothek. Das Interesse der Nationalsozialisten an der Hexenverfolgung, Bielefeld 2000, S. 1.

[6] Vgl. Katarzyna LESZCZYNSKA, Hexen und Germanen. Das Interesse des Nationalsozialismus an der Geschichte der Hexenverfolgung, Bielefeld 2009, S. 231: Da es seitens der

schen Meinungsaustausch unter nationalsozialistischen Autoren, in dem es keinen Konsens in der Argumentation zur Hexenverfolgung gab.[7]

Das führt im Rahmen der vorliegenden Arbeit zur These, dass im Hexendiskurs eine Dynamik ausgemacht werden kann. Zum einen gab es keine Einhelligkeit unter den Naziautoren. Zum anderen mussten die kirchlichen Autoren, insbesondere Wilhelm Neuss, der in dieser Arbeit analysierte kirchliche Autor, ihre Argumentation im Verlauf der Debatte verändern und anpassen, da der Hexendiskurs eine immer schärfere politische Instrumentalisierung erfuhr.[8]

Die These wird unter der Fragestellung untersucht, wie die Entwicklung des Diskurses aussah. Hilfreiche Überblicksfragen sind dabei, worin sich die Ausführungen der Schriftsteller unterschieden und wie sich die Methodik und der Inhalt der Arbeiten einzelner Autoren in den verschiedenen Etappen des Diskurses wandelten.

Um dies zu beantworten und um den Wandel im Diskurs zu verstehen, müssen die sechs relevantesten Bücher beziehungsweise Aufsätze von vier Verfassern aus der NS-Zeit beleuchtet werden, die in Zusammenhang mit dem Thema ‚Hexen' um Rosenbergs *Mythus* entstanden sind, indem sie jeweils in ihren historischen Kontext eingeordnet, dezidiert analysiert und gegenübergestellt werden. Um die Bedeutung der Hexenforschung im Dritten Reich zu verstehen, wird zunächst das Interesse der Nationalsozialisten an der Materie anhand des Hexen-Sonderauftrags erläutert, einer Forschungsabteilung Heinrich Himmlers. Dieses H-Sonderkommando[9] verdeutlicht zum einen die politische Instrumentalisierung der Hexenmaterie, zum anderen demonstriert ihr Ausmaß den „nationalsozialistischen Hegemonialanspruch"[10] sowie die Gefahr für die Kirche, die durch die Forschung eines

---

evangelischen Kirche keine Aktivität im Hexendiskurs gab und Teil des Kampfes der NS der Angriff gegen das Papsttum war, ist bei Nennung der Kirche im Folgenden ausschließlich die katholische gemeint, sollte nicht explizit die evangelische erwähnt werden, da protestantische Themen irrelevant in dieser Arbeit sind.

[7] Vgl. Rita VOLTMER, Hexen, Freiburg im Breisgau 2008, S. 115.

[8] Vgl. Katarzyna LESZCZYNSKA, Bielefeld 2009, S. 20.

[9] Die Benennung ist sowohl H-Sonderkommando als auch H-Sonderauftrag.

[10] Walter RUMMEL, Die Erforschung der sponheimischen und der kurtrierischen Hexenakten durch Mitglieder des H-Sonderauftrages, in: Sönke Lorenz; Wolfgang Behringer u. a. (Hrg.), Himmlers Hexenkartothek. Das Interesse der Nationalsozialisten an der Hexenverfolgung, Bielefeld 2000, S. 143.

der einflussreichsten Männer des Reiches hervorgerufen wurde.[11] Diese historische Einordnung der Hexenforschung darf allerdings nur kurz ausfallen, da eine Intensivierung einen anderen Forschungszweig eröffnen würde.

Im Anschluss daran wird das Hexenthema bei den einzelnen Autoren untersucht. Es ist zu erwähnen, dass ‚Hexen' nur bei wenigen NS-Autoren Hauptbestandteil ihrer kirchenfeindlichen Argumentationen war. Bei den meisten war es ein Teilaspekt, wobei der Hexenwahn als Problematik immer mehr an Bedeutung gewann, wie allein die Seitenzahlen der Kapitel in den verschiedenen Büchern, die ‚Hexen' behandeln, nahelegen.[12]

Zunächst wird der *Mythus des 20. Jahrhunderts* von Alfred Rosenberg unter die Lupe genommen. Im Anschluss daran werden die Kapitel *Das christliche Altertum* sowie *Die Kirche im Mittelalter* aus der von der Kirche in Auftrag gegeben Gegenschrift *Studien zum Mythus des 20. Jahrhunderts* analysiert.[13] Daraufhin werden die Kapitel der Gegenschriften zu den *Studien* untersucht, welche von Alfred Rosenberg und Alfred Miller verfasst wurden und sich ausführlich mit dem Thema der Hexenverfolgungen auseinandersetzen. Die Kirche antwortete mit dem *Handbuch der religiösen Gegenwartsfragen*, einer Art Lexikon, herausgegeben von Erzbischof Konrad Gröber und dessen Autoren, die aus Sicherheitsgründen unbenannt blieben.[14] In dem Buch werden ‚Hexen' in einem Artikel historisch behandelt. Zudem hat Neuss ein weiteres Buch inmitten des Krieges verfasst, welches an geheimer Stelle erneut auf das Hexenthema eingeht, den Tarnnamen *Das Problem des Mittelalters* trägt und sich angeblich mit Kunstwerken befasst. Zwischenzeitlich muss nebenbei auf die These eingegangen werden, dass die Kirche neun Millionen Hexen verbrannte.

Für eine profunde Interpretation der Hexenpamphlete werden insbesondere die ersten drei genannten Bücher in Sinnabschnitte unterteilt, wovon wiederum einige mit einer Reflexion versehen werden. Die eigenen Kommentare sind wichtig, da es bei den Inhalten der jeweiligen, über der Reflexion stehenden Passage einer näheren Erläuterung bedarf. Daher ziehen die Gedanken auch ein Resümee des Abschnitts.

---

[11] Vgl. Rainer DECKER, Hexen. Magie, Mythen und die Wahrheit, Darmstadt 2004, S. 109.

[12] Vgl. Katarzyna LESZCZYNSKA, Bielefeld 2009, S. 179.

[13] Die Kapitel befinden sich im kirchengeschichtlichen Teil, welcher im Gegensatz zum theologischen Teil von Wilhelm Neuss geschrieben wurde. Wenn in der vorliegenden Arbeit von Neuss' „Studien" die Rede ist, ist ausschließlich der kirchengeschichtliche Teil gemeint.

[14] Vgl. Wilhelm NEUSS, Kampf gegen den Mythus des 20. Jahrhunderts, Köln 1947.

Um die Dynamik herauszuarbeiten, werden die Bücher, insbesondere aber die von Neuss, verglichen. Dabei ist *Der Kampf gegen den Mythus* hilfreich, ein Buch, welches Neuss anlässlich einer Nachkriegsveröffentlichung 1947 geschrieben hat und in dem er die Probleme der Publizierung seiner Bücher darstellt. Im Buch finden sich zahlreiche Hinweise zu den Gründen seiner literarischen Wandlung.

FORSCHUNGSSTAND

Es ist festzustellen, dass sich in der aktuellen Forschung bisher sehr wenige Historiker und Theologen mit der Rezeption des Hexenthemas im Dritten Reich beschäftigt haben.[15] Sogar im *Personenlexikon zum Dritten Reich* von Ernst Klee, welches den Anspruch erhebt, das umfassendste zur NS-Zeit zu sein, lässt sich nichts über die nationalsozialistischen Personen der Hexenforschung finden. Über Alfred Miller, einer der wichtigsten Autoren dieses Diskurses, sind nirgendwo genaue Angaben gegeben.[16] Unter den neuen Wissenschaftlern ist die polnische Germanistin Katarzyna Leszczynska zu nennen, die sich mit dem Interesse der Nationalsozialisten auf ca. 400 Seiten auseinandergesetzt und die Rezeption der Hexenverfolgungen bei den Nazis sehr ausführlich beleuchtet hat. Sie betrachtet nahezu jeden Autor, der sich des Hexenthemas angenommen hat. Sowohl jene aus dem Dritten Reich als auch jene, auf die die Nazis zurückgriffen, werden bei ihr entfaltet. Sie möchte die Dynamik des Hexendiskurses auf der nationalsozialistischen Seite herausstellen.

Im deutschen Sprachraum hat sich Barbara Schier mit dem Hexendiskurs zwischen dem „Lager Rosenberg"[17] und der Kirche befasst, die Texte analysiert und interpretiert. Anders als Leszczynska sieht sie zwar ein Politikum in der Hexenforschung des Dritten Reiches, legt ihren Fokus jedoch nicht auf die Entwicklung des Diskurses.[18]

---

[15] Vgl. Katarzyna LESZCZYNSKA, Bielefeld 2009, S. 18.

[16] Vgl. Ernst KLEE, Das Personenlexikon zum Dritten Reich. Wer, war was vor und nach 1945, Frankfurt am Main 2016, S. 5.

[17] Katarzyna LESZCZYNSKA, Bielefeld 2009, S. 18.

[18] Vgl. ebd., S. 20.

Das Interesse an der Hexenforschung im NS wurde durch Gerhard Schormann geweckt,[19] der sich 1986 mit der Thematik beschäftigt hat. In seinem Buch *Hexenprozesse in Deutschland* beschreibt er als Erster die Hexenkartothek des H-Sonderauftrags.

Anlässlich seines Buches haben sich 1988 verschiedene Historiker zu einer Tagung zum H-Sonderauftrag in der Akademie der Diözese Rottenburg-Stuttgart getroffen, um sich intensiv mit dem Thema auseinanderzusetzen. Produkt dieses Treffens war ein Sammelband der auf der Tagung basierenden Vorträge, welche die Referenten in stark überarbeiteter Form zwölf Jahre später veröffentlichten.[20]

Daneben haben viele Historiker zum Buch Rosenbergs und dem daraus resultierenden Kirchenkampf publiziert, allerdings ohne ihre Aufmerksamkeit der Hexenwahnforschung des NS zu widmen. So haben Reinhard Bollmus und Reimund Baumgärtner gründliche Analysen und Interpretationen des *Mythus* betrieben und sind dabei auf jeweils ein paar Seiten auf das Hexenthema eingegangen, ohne sich eingehend und kritisch damit zu befassen.

Der Vergleich der Aufsätze von Neuss, in denen er sich zu unterschiedlichen Zeiten auf jeweils andere Art dem Hexenmotiv näherte, wurde von der modernen Forschung bisher nicht durchgeführt. Selbst Leszczynska geht nicht auf *Das Problem des Mittelalters* von Neuss ein. Die Abhandlungen von Neuss bieten aber Aufschlüsse über die Härte des Diskurses, in denen es schließlich nicht um die Hexen oder die Aufarbeitung von Verbrechen ging, sondern um die Instrumentalisierung eines Themas, das bestens dazu geeignet schien, politische Konflikte auszutragen, indem der Gegner durch mehr oder weniger belegbare Anschuldigungen diskreditiert wurde. Allerdings passte das zweite Buch von Neuss wahrscheinlich nicht in Leszczynskas Argumentation, da sie nur die nationalsozialistischen Bücher im Blick hatte und die *Studien* vermutlich nur untersucht hat, weil sie die direkte Antwort auf den *Mythus* waren.

Zwischen den modernen Wissenschaftlern gibt es zu einigen Sachverhalten keine Meinungsgleichheit. So versucht Wolfgang Behringer als einer der wenigen zu belegen, dass Rosenberg Frauen als weise Germanen honoriert hat. Die These der „weisen Frauen" wurde aber laut Walter Rummel erst

---

[19] Vgl. Sönke LORENZ; Wolfgang BEHRINGER, Einleitung, in: Sönke Lorenz; Wolfgang Behringer u. a. (Hrg.), Himmlers Hexenkartothek. Das Interesse der Nationalsozialisten an der Hexenverfolgung, Bielefeld 2000, S. VIII.
[20] Vgl. ebd., S. X.

1979 wieder populär, nachdem ähnliche Deutungen der Frauen im 19. Jhd. vollzogen wurden, basierend darauf, dass Hexen eigentlich Hebammen gewesen seien. Ansonsten findet sich diese Deutung nach Rummel kaum in der nationalsozialistischen Literatur.[21] Rita Voltmer allerdings unterstützt die These, der feministische Mythos um die weisen Frauen sei im 20. Jhd. entstanden und von den Nationalsozialisten übernommen worden.[22] Rummel und Voltmer haben sehr kurze Darstellungen über die Hexenforschung in der NS- Zeit geliefert.

Es ist sonderbar, dass die meisten Fachbücher, welche sich mit dem *Mythus* beschäftigen, die These Rosenbergs zum Hexenwahnursprung zwar als die herausragendste des *Mythus* bezeichnen,[23] aber dennoch nicht weiter darauf eingehen und die These mit Hexen in Verbindung bringen.

---

[21] Walter RUMMEL, Weise Frauen als Opfer der frühzeitlichen Hexenverfolgung?, in: Gudrun Gersmann; Katrin Moeller; Jürgen-Michael Schmidt (Hrg.), Lexikon zur Geschichte der Hexenverfolgung, unter: historicum.net, 15.2.2006: https://www.historicum.net/purl/jdztl/. (Abgerufen am 15.9.2016).

[22] Vgl. Rita VOLTMER, Freiburg im Breisgau 2008, S. 112, 115.

[23] Vgl. Reinhard BOLLMUS, Das Amt Rosenberg und seine Gegner. Studien zum Machtkampf im Nationalsozialistischen Herrschaftssystem, Stuttgart 1970, S. 23.

Erster Teil
Himmlers Hexenkartothek

I. Allgemeines

Während sich zwischen 1945 und 1989 im deutschen Sprachraum kaum Beschäftigungen mit den Hexenverfolgungen finden lassen, wurden im Dritten Reich intensive Forschungen zur Schuld am Hexenwahn und zu dessen Ursprung betrieben. Die größte angelegte Untersuchung wurde von Heinrich Himmler in Form einer Forschungsabteilung, dem sogenannten Hexen-Sonderauftrag ins Leben gerufen[24] und war das bis dato größte systematische Forschungsunternehmen der Geschichte.[25]

Die Rezeption des H-Sonderauftrages, dessen Ergebnis die sogenannte Hexenkartothek ist, fand bisher kaum statt. Wenige Akademiker haben sich mit ihr beschäftigt. Leszczynska hat sich in ihrem Buch über das Interesse der Nationalsozialisten an den Hexenverfolgungen mit der Kartothek im ersten Viertel auseinandergesetzt. Aber auch Historiker wie Wolfgang Behringer, der eine breite Hexenforschung betreibt, und Walter Rummel haben die Hexenkartothek genauer betrachtet und einige Facetten beleuchtet. Bedauerlicherweise beziehen sich die wenigen Autoren sowohl auf sich gegenseitig als auch auf eine Fülle an Archivmaterial. Die langwierige, sich noch im Prozess befindende Sichtung der Originalquellen ist ein Grund, weshalb der überarbeitete Sammelband der angesprochenen Tagung erst zwölf Jahre nach dem Kongress erschien.[26]

---

[24] Vgl. Gerhard SCHORMANN, Hexenprozesse in Deutschland, Auflage 2, Göttingen 1986, S. 6.
[25] Vgl. Walter RUMMEL; Rita VOLTMER, Hexen und Hexenverfolgungen in der Frühen Neuzeit, Darmstadt 2008, S. 11.
[26] Vgl. Sönke LORENZ; Wolfgang BEHRINGER, Bielefeld 2000, S. VII-X.

Der Reichsführer-SS, Heinrich Himmler, richtete 1935 beim Sicherheitsdienst[27] in Berlin[28] eine Forschungsstelle mit dem Namen *Hexen-Sonderauftrag*, kurz *H-Sonderauftrag* oder auch *H-Sonderkommando* genannt, als geheimes Kommando ein.[29] Sie war anfangs in Leipzig, ein Jahr später in Berlin ansässig und organisatorisch „in die Zentralabteilung 1/3 „Museum, Bücherei und Wissenschaftliche Forschungsstelle" des SD-Hauptamtes" eingegliedert.[30]

Im Juni 1937 kam es aufgrund einer Anfrage zur Akteneinsicht[31] durch die unabhängige Abteilung *SS-Ahnenerbe*[32] zu einem Konflikt zwischen den Forschungsabteilungen, der durch einen Briefwechsel mehrerer Mitarbeiter belegt ist.[33] Hierbei handelte es sich um einen Machtkampf um Kompetenzen,[34] bei dem *Ahnenerbe* mehr Befugnisse erhalten wollte.[35] Der Streit wurde erst im Juni 1938 durch die Intervention des Reichsführers-SS beigelegt,[36] da dieser einen Machtverlust seines Sonderkommandos nicht hinnehmen konnte.[37]

Dieser kurze Konflikt um die Aufgabengebiete verschiedener Forschungsabteilungen legt die Problematik des Politikums dar, welches das Hexenthema vor allem im Wissenschaftsstreit mit der Kirche darstellte: Jeder wollte die Wahrheit für seine Zwecke zurechtlegen, um sich mit dem

---

[27] Vgl. Wolfgang BENZ; Hermann Graml (Hrg.), Lexikon des Nationalsozialismus, 5. Auflage, Stuttgart 2007, S. 793: Der Sicherheitsdienst diente der Überwachung weltanschaulicher Gegner. Über diese informierte der SD in „Leitheften".

[28] Vgl. Barbara SCHIER, München 1990, S. 84.

[29] Vgl. Gerhard SCHORMANN, Göttingen 1986, S. 8.

[30] Jörg RUDOLF, „Geheime Reichskommando-Sache!" – Hexenjäger im Schwarzen Orden. Der H-Sonderauftrag des Reichsführers-SS, 1935-1944, in: Sönke Lorenz; Wolfgang Behringer u. a. (Hrg.), Himmlers Hexenkartothek. Das Interesse der Nationalsozialisten an der Hexenverfolgung, Bielefeld 2000, S. 64.

[31] Vgl. Jörg RUDOLF, Bielefeld 2000, S. 65f.

[32] Vgl. Katarzyna LESZCZYNSKA, Bielefeld 2009, S. 75.

[33] Vgl. Barbara SCHIER, München 1990, S. 86.

[34] Vgl. Katarzyna LESZCZYNSKA, Bielefeld 2009, S. 75.

[35] Barbara SCHIER, München 1990, S. 86.

[36] Vgl. Jörg RUDOLF, Bielefeld 2000, S. 65f.

[37] Vgl. Katarzyna LESZCZYNSKA, Bielefeld 2009, S. 77.

Ertrag bei höherer Stelle rühmen und das Thema für eigene Ziele nutzen zu können.[38]

1939 wurde der SD ins neu gegründete Reichssicherheitshauptamt,[39] *RSHA*, mit einem ungemein aufwändigen bürokratischen Akt[40] einverleibt,[41] in dem das H-*Sonderkommando* seit 1941 unter dem Amt II, Referat VII C3a, geführt wurde.

Schon 1938 waren die Archivarbeiten nach eigener Meinung der Naziforscher abgeschlossen, so dass eine Umstrukturierung der Aufgabenbereiche vonstatten ging. Doch trotz der Masse an bisher zusammengetragenem Material[42] glaubten die wenigsten Mitarbeiter, dass die weiterführenden Pläne verwirklicht werden könnten. So ist Ernst Merkel, einer der Mitarbeiter, 1942 der Meinung, dass eine Weiterführung des Kommandos keinen Sinn mehr ergibt, wie ein Briefwechsel zwischen Merkel und Rudolf Levin, Leiter des Referats,[43] offenbart.[44]

1943 musste der H-Sonderauftrag aufgrund von Sicherheitsmaßnahmen gegen die Luftangriffe in das Barockschloss Haugwitz am Schlesiersee umziehen, in dem es bis zur kriegsbedingten Flucht nach Ruldolstadt in Thüringen 1944 verweilte.[45] Zu dem Zeitpunkt spielte aber das Hexenthema für die Führer des Reiches kaum noch eine Rolle.[46] Es scheint, als ob das Thema für die Nazis nicht den erhofften Erfolg gebracht hat.[47] Eine Möglichkeit ist

---

[38] Vgl. Jörg RUDOLF, Bielefeld 2000, S. 66.

[39] Vgl. Michael WILDT, Generation des Unbedingten. Das Führungskorps des Reichssicherheitshauptamtes, Hamburg 2003, S. 12f: Das RSHA war eine Zusammenlegung von Geheimer Staatspolizei, Kriminalpolizei und SD. Es war das Zentrum „einer weltanschaulich orientierten Polizei", das dazu diente, die „rassische Reinhaltung des Volkskörpers" zu gewährleisten und damit dem „Führerwillen" Ausdruck zu verleihen.

[40] Vgl. Jürgen MATTHÄUS, Kameraden im Geiste, Himmlers Hexenforscher im Kontext des nationalsozialistischen Wissenschaftsbetriebs, in: Sönke Lorenz; Wolfgang Behringer u. a. (Hrg.), Himmlers Hexenkartothek. Das Interesse der Nationalsozialisten an der Hexenverfolgung, Bielefeld 2000, S. 100.

[41] Vgl. Jörg RUDOLF, Bielefeld 2000, S. 65.

[42] Siehe *Erfolge*.

[43] Siehe *Beteiligte*.

[44] Vgl. Katarzyna LESZCZYNSKA, Bielefeld 2009, S. 71.

[45] Vgl. Jörg RUDOLF, Bielefeld 2000, S. 48.

[46] Vgl. Wolfgang BEHRINGER, Der Abwickler der Hexenforschung im Reichssicherheitshauptamt (RSHA): Günther Franz, in: Sönke Lorenz; Wolfgang Behringer u. a. (Hrg.), Himmlers Hexenkartothek. Das Interesse der Nationalsozialisten an der Hexenverfolgung, Bielefeld 2000, S. 122.

[47] Vgl. Walter RUMMEL, Bielefeld 2000, S. 155.

daneben, dass die wissenschaftlichen Ausarbeitungen der Kirche, welche später ausführlich analysiert werden, die Argumentation der Nazis ausgehebelt und sich diese aus der Forschung lieber klammheimlich zurückgezogen haben, als eine öffentliche Niederlage zu erleiden.

Im März 1945 wurde der Ertrag der Forschungsstelle, eine Karteikartensammlung, die heute unter dem Namen *Himmlers Hexenkartothek* bekannt ist, in Slawa in Polen, ehemals Schlesiersee, entdeckt, beschrieben und fand den Weg nach Poznan, wo 2300 Bücher mit der Signatur „H" in die Universitätsbibliothek[48] und Teile der Kartothek dem dort ansässigen Archiv einverleibt wurden.[49] Die vollständige Kartothek wurde erst nach der Wende in Poznan eingelagert, nachdem ihr Wert für die Forschung nie erkannt wurde,[50] bis sich Gerhard Schormann mit ihr beschäftigte.[51]

III. Politische Motivation zur Gründung

Der Grund, weshalb Nazis ‚Hexen' erforschten, könne nur daran gelegen haben, Erkenntnisse über Folter- und Hinrichtungsmethoden zu erlangen, mutmaßte der Bibliothekar, der die Kartothek 1945 als erster sah. Doch die Nazis wollten keine Methoden der Tortur erfahren, um sie auf andere Menschen anzuwenden.[52] Die Motivation war eine politische. Das kann aus Anweisungen des Chefs des *RSHA* gesehen werden, der Gründe und Ziele des Sonderkommandos präzisiert hat.[53] Von Himmler selbst existieren jedoch keine ausdrücklichen Aussagen über die Gründe des H-*Sonderauftrags*.[54]

Als Hauptgrund für die Schaffung des H-*Sonderkommandos* kann der Kirchenkampf ausgemacht werden. Himmler sah die Gelegenheit, im Hexenwahn ein politisches Instrument zu schaffen, um das Christentum und vor

---

[48] Jörg RUDOLF, Bielefeld 2000, S. 48.
[49] Vgl. Gerhard SCHORMANN, Göttingen 1986, S. 8.
[50] Vgl. Jörg RUDOLF, Bielefeld 2000, S. 50f.
[51] Vgl. Gerhard SCHORMANN, Göttingen 1986, S. 8-15.
[52] Vgl. Jörg RUDOLF, Bielefeld 2000, S. 48.
[53] Vgl. Walter RUMMEL, Bielefeld 2000, S. 143.
[54] Vgl. Barbara SCHIER, München 1990, S. 86.

allem die katholische Kirche zu verunglimpfen.[55] Zum Zeitpunkt der Gründung befand sich die Kirche mit den Nationalsozialisten im Diskurs um das Hexenthema im *Mythus*, in dem es den Naziautoren an beweiskräftigen Argumenten für ihre kirchenfeindlichen Aussagen mangelte.[56]

Himmlers Vortrag auf dem Reichsbauerntag in Goslar am 16. November 1935 bietet zusätzliche Hinweise auf die Gründe für den *H-Sonderauftrag*.[57] In seiner Rede bezifferte er die Hexenwahnopfer auf 100.000 und benannte den seiner Meinung nach Schuldigen. Für ihn hatte das „Weltjudentum", [58] „unser aller ewiger Feind",[59] seine „blutige Hand im Spiel", wobei die Kirche geholfen habe, „tausende Männer und Frauen" zu opfern, damit die deutsche Geschichte verfälscht werde.[60] Doch Himmlers Anschuldigungen beruhten zu dem Zeitpunkt nur auf Gerüchten. Opferzahlen schwankten in der Literatur zwischen 1000 und 9 Millionen. Um Beweise zu sammeln, brauchte er eine groß angelegte Forschung, um sowohl die Zahl der Opfer als auch die Gründe für deren Verurteilung zu erheben.[61]

Ferner sah sich Himmler provoziert, als die Kirche in Trier am 7. August 1935 den 300. Todestag des Jesuiten Friedrich Spee feierte und sie dabei ignorierte, dass Spee in Konflikt mit der Obrigkeit seines Ordens gestanden hat, weil er gegen den Hexenwahn geschrieben hat. [62]

Zudem gab es zu diesem Zeitpunkt einen Streit mit der Kirche, weil der erste „germanische Bauernkalender" vom Reichsnährstand ohne kirchliche Feiertage herausgegeben wurde.[63] Nach heftigen Protesten seitens der Kirche und der ausländischen Presse distanzierte sich der Reichsnährstand vom Verleger des Kalenders. Der Bauernrat, dessen Mitglied Himmler war, fühlte sich gedemütigt, so dass Himmler in der Hexenforschung eine Gelegenheit sah, sich zu revanchieren.[64]

---

[55] Vgl. Gerhard SCHORMANN, Göttingen 1986, S. 10.
[56] Vgl. Jörg RUDOLF, Bielefeld 2000, S. 55.
[57] Vgl. ebd., S. 57.
[58] Ebd., S. 53.
[59] Rainer DECKER, Darmstadt 2004, S. 110.
[60] Jörg RUDOLF, Bielefeld 2000, S. 54f: Die in diesem Abschnitt wörtlich zitierten Worte befinden sich auf nachgewiesener Seite und werden daher nicht einzeln zitiert. Diese Zitationsmethode wird auch im Folgenden gebraucht.
[61] Vgl. ebd., S. 54.
[62] Vgl. ebd., S. 57.
[63] Jörg ebd., S. 55.
[64] Vgl. ebd., 57.

Himmler wollte nicht zuletzt, dass sich der *H-Sonderauftrag* mithilfe von Brauchtumsforschung[65] mit einem neuen Staatsverständnis auseinandersetzt,[66] um vermeintliche Werte und Traditionen der alten Germanen und deren Rollenverteilungen, sei es die hierarchische oder die geschlechtliche, zu analysieren und ideologisch zu verarbeiten. Durch Vergleiche zwischen Germanentum und Christentum,[67] aber auch zwischen den Rassen, sollten die Naziforscher zu dem Ergebnis kommen, dass die germanische Rasse die überlegenste ist.[68] Die Beschäftigung mit den Hexen führte zur NS-Zeit also unweigerlich zu einer Identitätssuche des NS im Germanentum,[69] wobei die Hexen von Himmler als Kämpferinnen gegen antigermanische Strömungen gesehen wurden, die von der Kirche vernichten werden sollten.[70]

An den politischen Gründen kann erkannt werden, wie wichtig das Hexenthema in politischen Krisen ist, da es aufgrund seiner emotionalen Aufladung instrumentalisiert werden kann.[71] Wird die Thematik für eigene Zwecken angewendet, kann sie das Volk durch Schuldzuweisungen oder Mitleidserregung für die Opfer mit verfälschten Tatsachen beeinflussen. Und in der Tat ist das Thema im Dritten Reich spätestens mit der Gründung des *H-Sonderkommandos* zum Propagandamittel geworden,[72] so dass es anfangs den Anschein hatte, im I liege eine ernsthafte Gefahr für die Kirche.[73]

IV. METHODEN DES H-SONDERKOMMANDOS

Seit 1935 war eine rege Aktivität des Sonderkommandos zu beobachten. Die Mitarbeiter veranstalteten Briefwechsel mit Archiven, Pfarreien, Schulen und Bürgermeistern des Landes, um ein möglichst flächendeckendes Bild

---

[65] Vgl. Barbara SCHIER, München 1990, S. 90.
[66] Vgl. Katarzyna LESZCZYNSKA, Bielefeld 2009, S. 36.
[67] Vgl. Ebd., S. 40.
[68] Vgl. Barbara SCHIER, München 1990, S. 90.
[69] Vgl. Katarzyna LESZCZYNSKA, Bielefeld 2009, S. 40.
[70] Vgl. ebd., S. 43.
[71] Vgl. ebd., S. 366.
[72] Vgl. Barbara SCHIER, Bielefeld 2000, S. 17.
[73] Vgl. Rainer DECKER, Darmstadt 2004, S. 109.

der Hexenprozesse in Deutschland zu erhalten.[74] Aber auch Feldforschung wurde betrieben. Die Beauftragten reisten zu den Orten, an denen Hexenprozesse stattgefunden haben, um in Prozessakten, Kirchenregistern und alten Briefen den Umfang des Hexenwahns zu ermitteln.[75] Auch angrenzende europäische Länder wurden nicht ausgespart.[76] Da das *H-Sonderkommando* eine geheime Reichssache war, tarnten sich die Mitarbeiter als ahnenforschende Studenten, um nicht mit dem SD in Verbindung gebracht zu werden.[77] Nur bei geringer Kooperationsbereitschaft seitens der Angestellten der Archive wurde der Ausweis des SD gezeigt.[78] Die Reisen wurden 1937 eingestellt, da die Masse des gesammelten Materials zur Auswertung ihrer Meinung nach reichte.[79] Bei ihren Akteneinsichten und Befragungen gingen die Mitarbeiter nach einem Fragenkatalog vor, wobei die Fragen nach Themen geordnet waren. Ihr Augenmerk lag dabei nur auf Akten, die politisch verwertbar waren, wie beispielsweise durch Skandalträchtigkeit.[80]

Ein Teil der Auswertung der Hexenprozesse wurde einem KZ-Insassen in Sachsenhausen zugetragen, Herbert Blank. Ihm kam die Aufgabe zu, die Prozessakten oder auch Malefizakten, die die Nazis bis dahin zusammengetragen hatten, durchzuschauen und zusammenzufassen.[81]

V. BETEILIGTE

Es stellt sich die Frage, welche Personen am H-Sonderauftrag beteiligt waren. Aus der Sichtung des Forscherkollegiums, dessen Mitglieder allesamt akademisch gebildete Geisteswissenschaftler mit Habilitationsgedanken waren,[82] kann wahrgenommen werden, dass die Geisteswissenschaften im Nationalsozialismus einen hohen Wert hatten, sie sich in die Ideologie

---

[74] Vgl. Katarzyna LESZCZYNSKA, Bielefeld 2009, S. 70.
[75] Vgl. Barbara SCHIER, München 1990, S. 88.
[76] Vgl. Walter RUMMEL; Rita VOLTMER, Darmstadt 2008, S. 11.
[77] Vgl. Katarzyna LESZCZYNSKA, Bielefeld 2009, S. 71.
[78] Vgl. Rainer DECKER, Darmstadt 2004, S. 110.
[79] Vgl. Katarzyna LESZCZYNSKA, Bielefeld 2009, S. 72.
[80] Vgl. Barbara SCHIER, München 1990, S. 87.
[81] Vgl. ebd., S. 86.
[82] Vgl. Wolfgang BEHRINGER, Bielefeld 2000, S. 114.

einbinden ließen und dabei einen Beitrag zum Selbstverständnis des NS leisteten.[83]

Es liegt heute aus folgendem Grund eine Aufstellung der Forscher des *H-Sonderkommandos* vor: Im Jahr 1936 wurde der *H-Sonderauftrag* nach Berlin ausgelagert, nachdem er ein Jahr lang in der SS-Schrifttumsstelle in Leipzig geführt wurde. Während der Abspaltung und des damit verbundenen Umzugs wurden Erfassungsarbeiten durchgeführt, welche sowohl Aufgaben als auch Mitarbeiter auflisteten.[84]

Dennoch werden die Mitarbeiterzahlen mit jeder neuen aktuellen Erforschung nach oben hin revidiert. Sprach Schormann noch von acht Angestellten, von denen nur drei namentlich bekannt seien,[85] kann Leszczynska schon 13 feste Mitarbeiter und mehrere Berater vollständig benennen.[86]

Der Leiter einiger Referate des Amtes VII war Professor FRANZ ALFRED SIX. Damit fiel ihm die Leitung des *H-Sonderkommandos* zu.[87] Er war jedoch nicht an den Hexenforschungen selbst beteiligt, da er die Referate neben seiner Haupttätigkeit an der Universität zu lenken hatte.[88]

Die Verantwortung für die Forschungen des *H-Sonderauftrags* hatten Six' Assistenten WILHELM JOSEF SPRENGLER[89] und RUDOLF LEVIN inne.[90]

Für die Hexenabteilung bestand SPRENGLERS Aufgabe darin, die Forscher ideologisch im Auge zu behalten. Sein Forschungsgebiet war aufgrund seiner Mitgliedschaft im SS-Frauenwerk „die germanische Frau und die Hexen". Sein Frauenbild war patriarchalisch geprägt. Frauen hatten seiner Meinung nach bloß aufgrund ihrer Mutterschaft eine Existenzberechtigung.[91]

RUDOLF LEVIN war der ambitionierteste Mitarbeiter. Seit 1941 war er Leiter des Referats C3 im Amt VII, einschließlich des *H-Sonderauftrags* C3a.[92] Er war einer der wenigen, von dem eigenständige Ergebnisse zu erwarten waren. Unter anderem erstellte er ein Manuskript zu einer Habilitation, die ihn

---

[83] Vgl. Katarzyna LESZCZYNSKA, Bielefeld 2009, S. 56.
[84] Vgl. Jörg RUDOLF, Bielefeld 2000, S. 60.
[85] Vgl. Gerhard SCHORMANN, Göttingen 1986, S. 10.
[86] Vgl. Katarzyna LESZCZYNSKA, Bielefeld 2009, S. 58.
[87] Vgl. Michael WILDT, Hamburg 2003, S. 372.
[88] Vgl. Katarzyna LESZCZYNSKA, Bielefeld 2009, S. 58.
[89] Vgl. ebd.
[90] Vgl. Michael WILDT, Hamburg 2003, S. 375.
[91] Katarzyna LESZCZYNSKA, Bielefeld 2009, S. 58f.
[92] Vgl. Michael WILDT, Hamburg 2003, S. 375.

in der Fachwelt etablieren sollte.[93] 1941 wollte Levin sie zu einem Gebiet des *H-Sonderauftrags* mit dem Titel *Die volkswirtschaftlichen Auswirkungen des Hexenwahns und der Hexenprozesse* verfassen.[94] Die Schrift, die Levin beim verantwortlichen Professor Günter Franz einschickte, krankte jedoch an mangelnder Kompetenz Levins und wurde deshalb nicht verwirklicht, woraufhin der frustrierte Levin sich zum Kriegsdienst meldete und kurz darauf fiel.[95]

VI. ZIELE / PLÄNE

Über die organisatorischen, themenkomplexbezogenen Ziele geben vor allem Briefe zwischen dem *H-Sonderauftrag* und dem *SS-Ahnenerbe* in der Zeit des Konflikts 1937-1938 Auskunft, welche von Barbara Schier analysiert wurden.[96] Die Aufgabenbereiche[97] waren für jeden Mitarbeiter strikt geregelt.[98]

Genauere Pläne über Publikationen zur Verbreitung der Ergebnisse lassen sich auch aus Gesprächsprotokollen[99] und Berichten erschließen, die immer wieder zwecks Bestandsaufnahme an Diensthöhere geschickt wurden. Den letzten Bericht verfasste Levin am 29.6.1942 an Six.[100]

Um die Forschungsergebnisse des *H-Sonderauftrags* zusammenzufassen, war ein Grundbuch geplant.[101] Ebenso sollte eine Arbeit speziell über die Prozesse geschrieben werden. Da diese jedoch keinen politischen Zweck erfüllen würde, wurde dieser Plan fallen gelassen. Zudem sollten wissen-

---

[93] Vgl. Jürgen MATTHÄUS, Bielefeld 2000, S. 102.

[94] Vgl. ebd., S. 103.

[95] Vgl. ebd., S. 105ff.

[96] Vgl. Barbara SCHIER, München 1990, S. 85.

[97] I. Veränderung der Bevölkerung und rassegeschichtliche Folgen; II. wirtschaftlichen Effekte; III. Frauenbild die Kirche in den Hexenprozessen; IV. Erstellung einer Bibliographie.

[98] Vgl. Barbara SCHIER, München 1990, S. 87.

[99] Vgl. Barbara SCHIER, München 1990, S. 86.

[100] Vgl. Katarzyna LESZCZYNSKA, Bielefeld 2009, S. 92.

[101] Vgl. Gerhard SCHORMANN, Wie entstand die Kartothek, und wem war sie bekannt?, in: Sönke Lorenz; Wolfgang Behringer u. a. (Hrg.), Himmlers Hexenkartothek. Das Interesse der Nationalsozialisten an der Hexenverfolgung, Bielefeld 2000, S. 135.

schaftliche Bücher über die Foltermethoden und eine Enthüllung über Geschichtsfälschungen der Kirche in der Literatur über Hexenverfolgungen veröffentlicht werden.[102] Für das Volk sollten kurze, prägnante Romane geschrieben werden, die als „Tornisterliteratur" mitgeführt werden konnten. Die 60-100 Seiten langen Bücher konnten schnell gelesen werden und sich schnell einprägen,[103] um das von den Nationalsozialisten präferierte Geschichtsbild zu vermitteln.[104] Wichtig war laut Levins Aussage bei den Büchern, dass der Dualismus zwischen „germanischem religiösen Bewusstsein und der christlichen Dogmatik" offeriert wird, um die Kirche möglichst negativ zu beleuchten.[105] Hier zeigen sich didaktische Überlegungen der Nationalsozialisten.

Ebenso sollte ein Film gedreht werden. Heinz Ballensiefen, Mitarbeiter bei dem Propagandafilm *Der ewige Jude*, sollte für den Dreh verantwortlich sein.[106] Der Streifen, der schon in Vorbereitung war, wurde jedoch nie gedreht.[107]

Darüber hinaus stand eine Fotostrecke auf dem Plan, die Orte der Hexenverfolgung darstellen sollte. Es mangelte jedoch an „lohnenden", folglich schaurigen Schauplätzen. Ebenfalls sollten Zeitungsartikel,[108] Broschüren und Schulungsbriefe verlegt werden, die dem Leser ein knappes Bild der vermeintlichen Grausamkeiten bieten konnten.[109]

VII. ERFOLGE

Die Historiker sind sich einig, dass die Ergebnisse des *H-Sonderauftrags* trotz der ambitionierten Pläne in keinem Verhältnis zum neunjährigen Aufwand standen und sehr dürftig ausfielen. Genauer ausgedrückt bedeutet dies, dass die Naziforscher zwar lange geforscht haben, aber der Ertrag keinen Mehr-

---

[102] Vgl. Barbara SCHIER, München 1990, S. 87.
[103] Jörg RUDOLPH, Bielefeld 2000, S. 84.
[104] Vgl. Katarzyna LESZCZYNSKA, Bielefeld 2009, S. 73.
[105] Ebd., S. 93.
[106] Vgl. Jörg RUDOLPH, Bielefeld 2000, S. 85.
[107] Vgl. Katarzyna LESZCZYNSKA, Bielefeld 2009, S. 66.
[108] Vgl. Barbara SCHIER, München 1990, S. 87.
[109] Vgl. Katarzyna LESZCZYNSKA, Bielefeld 2009, S. 94.

wert für die Hexenforschung bietet.[110] Den Naziforschern gelang es lediglich, auf ca. 33.000 Karteikarten Opfer der Hexenverfolgungen aufzulisten,[111] wobei jede Karteikarte eine putative Hexe archiviert. Die Karteikarten sind wiederum in 3621 Karteien geordnet.[112] Allein eine Publikation Merkels und Levins Manuskript der Habilitation zeigen einige der Ergebnisse. Der Mangel an Veröffentlichungen liegt unter anderem daran, dass Himmler der Gruppe verboten hat, Arbeiten zu veröffentlichen, weil er die Ergebnisse nach Kriegsende medienwirksam propagandistisch verwerten wollte, so dass sich niemand die Mühe gemacht hat, Arbeiten vorzeitig zu verfassen. Die Wissenschaft dahinter war für Himmler belanglos, er brauchte die Ergebnisse, um dem Volk nach dem „Endsieg" zu beweisen, dass das „Böse" bei der Kirche lag. Andere Gründe für fehlende Veröffentlichungen sind sicherlich kriegsbedingte Einschränkungen wie beispielsweise der Papiermangel, der das Schreiben der Romane verzögerte.[113]

Der Hauptgrund der schlechten Ergebnisse war indes die Methodeninkompetenz der Mitarbeiter.[114] Zunächst fällt die fehlende Fragestellung der Naziforschung auf, was zur Folge hatte, dass das Material kaum zu analysieren und zu interpretieren war, denn hierfür braucht es eine Problemstellung.[115] Die Wissenschaftler haben lediglich die Prozessakten durchgesehen und die Opfer aufgezählt, dies aber mit enormer Akribie.[116] Es wurden jedoch eine Reihe von mit den Prozessen einzelner Personen in Korrelation stehende Fakten übersehen.

Ferner gab es trotz des Fragenkatalogs keine einheitlichen Untersuchungsaspekte, so dass jeder Naziforscher eigenständig seinem Problem nachging und am Ende keine Schlussfolgerung aufgrund eines erkennbaren Musters gezogen werden konnte.[117]

Daneben fallen die Belege anhand von Quellen sehr bescheiden aus, was ein Hinweis darauf ist, dass die Forscher keine „systematische Aktenaus-

[110] Vgl. Walter RUMMEL, Bielefeld 2000, S. 155.
[111] Vgl. Rita VOLTMER, Freiburg im Breisgau 2008, S. 116.
[112] Vgl. Gerhard SCHORMANN, Göttingen 1986, S. 10f.
[113] Katarzyna LESZCZYNSKA, Bielefeld 2009, S. 65f.
[114] Vgl. ebd., S. 72.
[115] Vgl. Gerhard SCHORMANN, Göttingen 1986, S. 13.
[116] Vgl. Gerhard SCHORMANN, Bielefeld 2000, S. 138f.
[117] Vgl. Gerhard SCHORMANN, Göttingen 1986, S. 15.

wertung" beherrschten. Das heißt, die Forscher wussten nicht mehr, woher die Hexe auf ihrer Karteikarte stammt.[118]

Diese zahlreichen Mängel führten dazu, eine unbrauchbare Sammlung von zweifelhaftem Wert für die Hexenforschung zu erstellen, ohne den wahren Ursprung des Hexenwahns zu ergründen.[119] Stattdessen fanden die Naziforscher exakt den Fakt heraus, vor dem sie sich gefürchtet hatten: Es gab weder neun Millionen Opfer zu beklagen noch trug die Kirche die Schuld am Hexenwahn.[120]

---

[118] Walter RUMMER, Bielefeld 2000, S. 155.
[119] Vgl. Gerhard SCHORMANN, Göttingen 1986, S. 15.
[120] Vgl. Rainer DECKER, Darmstadt 2004, S. 113.

Zweiter Teil
Der Hexendiskurs im Kirchenkampf

I. ROSENBERG – *MYTHUS DES 20. JAHRHUNDERTS.*
EINE WERTUNG DER SEELISCH-GEISTIGEN GESTALTENKÄMPFE UNSERER ZEIT

I.1 *Historischer Kontext*

Das Interesse an den Hexenverfolgungen wurde anhand der Darstellung des Hexen-Sonderauftrages deutlich. Doch der Sonderauftrag stieß aufgrund der unzureichenden Ergebnisse und der fehlenden Öffentlichkeitsarbeit keinen schriftlichen Austausch an, der von wissenschaftlicher Relevanz war.[121] Aber nicht nur die Abteilung Himmlers beschäftigte sich mit dem Hexenwahn.

Alfred Rosenberg trat mit seinem Buch *Der Mythus des 20. Jahrhunderts* einen Diskurs los, in dem sich verschiedene Autoren des NS und der katholischen Kirche mehr oder weniger wissenschaftlich mit dem Ursprung des Hexenglaubens und der Hexenverfolgung auseinandersetzten.[122]

Rosenbergs *Mythus* erschien im Jahre 1930 und stillte das Bedürfnis der deutschen Bevölkerung, die alten, wenn auch erfundenen Werte der germanischen Kultur aufleben zu lassen. Nach dem Ersten Weltkrieg und der damit verbundenen, als schmählich empfundenen Niederlage wuchsen die rechtsradikalen Strömungen stark an. Damit war der Durst nach einer besseren, glorreicheren Vergangenheit verbunden, welche die alte Germanenwelt liefern sollte. Mit dem *Mythus* traf Rosenberg also den Zeitgeist.[123]

Durch Rosenberg arrivierte das Thema zum Politikum, in dem es den am Diskurs teilnehmenden Autoren darum ging, mithilfe ihrer Rezeption des Hexenwahns ihre jeweiligen Weltanschauungen zu forcieren und dadurch an Einfluss zu gewinnen.[124]

---

[121] Vgl. Wolfgang BEHRINGER, Bielefeld 2000, S. 119f.
[122] Vgl. Barbara SCHIER, Bielefeld 2000, S. 4.
[123] Vgl. Walter RUMMEL; Rita VOLTMER, Darmstadt 2008, S. 10.
[124] Vgl. Barbara SCHIER, Bielefeld 2000, S. 4.

Dass die Beschreibung der Ideologie Rosenbergs in der Bevölkerung auf offene Ohren stieß, ist sehr wahrscheinlich, wenn auch nicht ganz sicher.[125] Sie überzeugte laut Kurt Hutten, einem protestantischen Historiker 1935, durch seinen Pathos, seine Überzeugungskraft und seine farbige Darstellungsweise, so dass eine Massenwirkung erzeugt wurde.[126] In der Tat sind die Kapitel über den Hexenwahn leicht zu lesen. Selbst der Verfasser der kirchlichen Gegendarstellung, Wilhelm Neuss, merkt an, dass die Schilderungen Rosenbergs so realitätsnah sind, dass sich die Szenen vor dem geistigen Auge abspielen.[127] Allerdings sind sie bei genauerem Lesen nicht sehr überzeugend, da sich viele Widersprüche ausmachen lassen.

I.2 *Alfred Rosenberg*

Alfred Rosenberg, geboren am 12.1.1893 in Reval in Estland, absolvierte ein Architekturstudium, bevor er 1919 nach München emigrierte und Mitglied der Deutschen Arbeiterpartei, der Vorgängerin der NSDAP, wurde. Er verdingte sich als Redakteur und nahm 1923 am Hitlerputsch teil. Seit 1923 war er Hauptschriftsteller bei der Zeitschrift *Völkischer Beobachter* und engagierte sich vor 1930 nationalsozialistisch. 1933 wurde er Reichsleiter des außenpolitischen Amtes und war Hitler direkt unterstellt. Laut Goebbels Tagebucheintrag vom 9.1.1937 sei Rosenberg stets engagiert und sein Eifer nicht zu brechen. Im Dritten Reich war er in verschiedenen leitenden Funktionen im Bereich der Bildung beschäftigt. Am 16.10.1946 wurde er nach dem Todesurteil in den Nürnberger Prozessen hingerichtet.[128]

I.3 *Der Wert des ‚Mythus‘ in der Hexenforschung*

Der *Mythus* versucht durch nicht haltbare Anschuldigungen, welche nach Rosenbergs Auffassungen auf belegbaren Quellen basieren, die katholische Kirche zu diffamieren. In seiner Beweisführung zum Hexenglauben, der eine Problematik im *Mythus* darstellt, verfolgt Rosenberg keinen roten Fa-

---

[125] Vgl. Reinhard BOLLMUS, Stuttgart 1970, S. 26.
[126] Vgl. Barbara SCHIER, München 1990, S. 51.
[127] Vg. *Studien*, S. 84.
[128] Vgl. Ernst KLEE, Frankfurt am Main 2016, S. 508 f.

den, sondern legt bruchstückhaft dar, wie sich die Kirche in der Geschichte an der Menschheit schuldig gemacht haben soll. Die Thesen und Beispiele dafür finden sich im *Mythus* ungeordnet verteilt. Die Fülle des unzusammenhängenden Gebrauchs des Hexenthemas, in dem sich Rosenberg widerspricht und deshalb für den Leser gar nicht klar wird, welche These er vertritt, offeriert, wie unqualifiziert Rosenberg war, sich diesem Thema zu nähern. Ebenso sind nach Harald Iber die Gedankengänge Rosenbergs so unsystematisch und brüchig wie die Argumentation.[129]

Es ist daher zwar sehr hilfreich, dass sich die kirchlichen Autoren des Gegenbuches, der *Studien*, die Mühe gemacht haben, Rosenbergs Argumente in methodisch richtiger Reihenfolge zusammenzufassen.[130] Es muss allerdings das Buch Rosenbergs wie alle in dieser Arbeit besprochenen Bücher selber zurate gezogen werden, da die *Studien* bloß Ausschnitte des *Mythus* zitieren und daher nur als Hilfsmittel dienen können.

Die methodischen Mängel Rosenbergs setzen sich in der Zitation fort. Seine Thesen entbehren jedweder wissenschaftlichen Grundlage. Die Sekundärquelle, auf die er sich beim Hexenthema bezog, war das Buch *Tusca* von Albert Grünwedel. Dies war jedoch für wissenschaftliche Thesen ungeeignet, da es von zweifelhaftem Ruf war, wie die kirchliche Argumentation später belegen wird. Zudem ist festzustellen, dass Rosenberg keine Fußnoten bei Anführungen eines Autors gesetzt, geschweige denn sich kritisch mit dessen Aussagen beschäftigt hat. Zitate im fließenden Text haben zudem den falschen Wortlaut. An Primärquellen traute Rosenberg sich selbst nicht heran.[131] Stattdessen übernahm er unhaltbare Behauptungen des Autors und versuchte im *Mythus*, jene durch eigene Behauptungen zu ergänzen. Diese sind jedoch von niedriger Qualität, so dass sowohl das ganze Buch als auch das Hexenthema keinen wissenschaftlichen Wert für die Hexenforschung darstellt.[132] Der *Mythus* ist jedoch laut Barbara Schier für heutige Forschungen von Belang, weil die Rolle, welche das Buch zu seiner Zeit spielte, für Wissenschaftler von Interesse ist, da es zeigt, wie brisant das Thema ‚Hexen' im Dritten Reich behandelt und versucht wurde, Einfluss auf das Weltge-

---

[129] Vgl. Harald IBER, Christlicher Glaube oder rassischer Mythos. Die Auseinandersetzung der bekennenden Kirche mit Alfred Rosenbergs: „Der Mythus des 20. Jahrhunderts", Frankfurt am Main 1987, S. 37f.

[130] Vgl. *Studien*, S. 1.

[131] Vgl. Harald IBER, Frankfurt am Main 1987, S. 35f.

[132] Vgl. ebd., S. 36.

schehen zu nehmen, indem der Bevölkerung verschiedene Weltansichten mithilfe der Hexenforschung suggeriert werden sollten.[133]

I.4 Hexen im ‚Mythus des 20. Jahrhunderts' – Inhalt

I.4.a Der allgemeine Gebrauch des Hexenthemas im ‚Mythus'

Das Thema der Hexen und Zauberer und insbesondere deren Ursprung tauchen bei Rosenberg sehr häufig auf und werden im Folgenden analysiert. Den Ursprung des Hexenglaubens, den Rosenberg in der Antike verortet,[134] beschreibt er zusammenhängend auf elf Seiten.[135] Dazu bedient er sich immer wieder zynischer Bemerkungen. Es passt ins Bild des Schreibstils, dass Rosenberg von seinem Umfeld tatsächlich als Zyniker wahrgenommen wurde.[136]

Im übrigen Buch spricht er immer wieder den Hexen- und Zaubererglauben an und nennt ihn stets eine vorderasiatische Vorstellung.[137] Dass das Hexenthema verstreut vorliegt, mag daran liegen, dass Rosenberg selber in dem Thema noch nicht seine politische Relevanz erkannte. Erst im dem *Mythus* nachfolgenden Diskurs wurde das Thema, auch von Rosenberg, aufgerollt und gewann an Gewicht.[138]

Rosenberg versucht neben der Ursprungsbegründung die Motive des Wahns des Mittelalters zu erklären. Dabei geht er in drei Richtungen vor. Zum einen behauptet er, die Kirche habe Hexenzauber praktiziert,[139] zum anderen möchte er beweisen, dass die Kirche den Hexenglauben durch die Unterbindung des selbigen forciert hat.[140] Zum dritten habe die Kirche selbst die Hexenangst zur Machtsicherung hochgehalten,[141] was durch Hexenpraktiken in der Kirche geschehen sei.[142] Dabei betont er immer wieder die

---

[133] Vgl. Barbara SCHIER, Bielefeld 2000, S. 5.
[134] Vgl. *Studien*, S. 2.
[135] Vgl. *Mythus*, S. 60-70.
[136] Vgl. Reinhard BOLLMUS, Stuttgart 1970, S. 23.
[137] Vgl. *Mythus*, S. 133, 397, 577.
[138] Vgl. Katarzyna LESZCZYNSKA, Bielefeld 2009, S. 179.
[139] Vgl. *Mythus*, S. 132, 172, 627.
[140] Vgl. ebd., S. 164.
[141] Vgl. ebd., S. 173f, 195, 397, 470, 476, 590, 627.
[142] Vgl. ebd., S. 627.

Nichtexistenz von Zauberei aller nordischen, freien Völker.[143] Rosenberg sagt allerdings mit keinem Satz geradlinig heraus, dass das Germanentum frei von Hexen gewesen sei. Die Analyse der Textstellen lässt jedoch keinen anderen Schluss zu, denn es lassen sich viele Hinweise auf eine Verneinung finden wie beispielsweise seine „Etrusker-These", Tagebucheintragungen[144] und die Feststellung, dass Germanen die Natur nicht durch Zauberei erklärt haben.[145]

Zudem ist bei ihm das Thema der Ketzerverfolgung gebräuchlich. Die Textstellen zu den Ketzerverfolgungen werden zwar nicht ausführlich untersucht, aber es ist wichtig, sie zu erwähnen, da Rosenberg die Zahlen der Opfer der Kirche sowie germanische Kämpfer für die freie Welt selten mit Hexen, aber oft mit Ketzern verbindet. Damit möchte er die Bereitschaft der Kirche zu furchtbaren Verbrechen bestätigen, um den Hexenwahn durch die Kirche verständlicher zu machen. Für ihn sind Ketzerverfolgungen die Vorstufe zum Hexenwahn.[146] Außerdem ist die Beachtung dieses Faktums bedeutend, weil die *Studien*, die Gegenschrift zum *Mythus*, auf die Ketzer eingehen und sie wie in Korrelation mit dem Hexenwahn setzen.[147]

Demzufolge kann trotz des Sammelsuriums an sich widersprechenden Argumentationsstücken der Konsens ausgemacht werden, dass die katholische Kirche die Schuld am Hexenwahn trägt, dessen Ursprung in Vorderasien liege.

Ideologischer Keim seiner Schuldzuschreibung war seine tiefe Überzeugung, dass die Welt sich in einem ewigen Kampf zwischen zwei Mächten befindet. Ein Teil dieses Kampfes sei der des Germanentums gegen das „verjudete" Christentum. Deshalb versuchte er im Hexenthema ein Kampfmittel zur „Rearisierung der Lehre Jesu Christi" auszumachen.[148]

---

[143] Vgl. ebd., S. 35, 42, 65, 78, 122, 195, 255.
[144] Barbara SCHIER, München 1990, S. 55.
[145] Vgl. *Mythus*, S. 141.
[146] Vgl. Katarzyna LESZCZYNSKA, Bielefeld 2009, S. 239.
[147] Vgl. *Studien*, S. 43-46.
[148] Katarzyna LESZCZYNSKA, Bielefeld 2009, S. 181.

I.4.b Der Ursprung des Hexenglaubens –
Der Sonnenmythos der Etrusker

Für Rosenberg liegt der Ursprung des Hexenglaubens in Europa bei den „vorderasiatischen Etruskern", dessen Werte und Traditionen in der katholischen Kirche weiterleben.[149] Die Etrusker können laut Rosenberg daran erkannt werden, dass sie sowohl an göttliche Hetären[150] glaubten als auch „furchtbare Riten" durch ihre Priesterschaft ausführen ließen, um Dämonen aus der Hölle fernzuhalten.[151]

Die Kulte haben nach Rosenberg den Hexenglauben hervorgerufen, weshalb der Autor sie sehr bunt ausgeschmückt in allen Details erläutert: Die Etrusker haben laut Rosenberg einem Sonnenmythos gehuldigt. Die Sonne sei bei den Etruskern als Mann und als Phallussymbol dargestellt worden. Der Phallus, der von einem Stier getragen werde, habe sich selber begattet, indem er die Sonne besamt habe. Daraus sei ein Junge aus Gold entstanden. Der Phallus samt Träger sei anschließend in die Unterwelt gefahren, um mit einem Kind Mahl zu nehmen.[152] Diesen Glauben habe die Priesterschaft der Etrusker zum Antrieb genommen, „eklige Männerbuhlschaften" zu veranstalten, also Treffen, in denen ein Kind vergewaltigt worden sei, um es anschließend zu töten. Als Beleg für eine derartige „satanistische Zauberaktion" sieht Rosenberg die von Grünwedel aufgeführte Inschrift des Cippus von Perugia sowie die altgriechischen Mythen. Das Töten durch „Zerschlitzen" des Jungen, der nach etruskischer Vorstellung zu einem Knaben mit Hörnern wie der Minotaurus geworden sei, sei Symbol für die Morgendämmerung gewesen, welche jeden Tag stattfindet, weshalb auch das Ritual in regelmäßigen Abständen abgehalten worden sei. Nach dem Zerstückeln seien die Lebensenergie des Ermordeten auf die Priester übergegangen, welche zu den Auserwählten gehören, so der angebliche Glaube der Etrusker. Rosenberg führt bei dieser Gelegenheit hinzu, die Überzeugung der Auserwählung sei bei den Juden ebenfalls zu finden.[153]

Für Rosenberg ist die Zauberpraktik jedoch mit dem Töten des Buben

---

[149] Barbara SCHIER, München 1990, S. 53.

[150] Vgl. *Mythus*, S. 62: Die Hetäre beweise die Wollust, die allen vorderasiatischen Völkern zueigen sei, für die Entwicklung des Hexenwahns ist seine Darstellung hier jedoch nicht relevant.

[151] *Mythus*, S. 61.

[152] Vgl. ebd., S. 63.

[153] Ebd., S. 64.

nicht zum Ende gelangt. Die Priester haben die Eingeweide des Jungen angezündet, um die Hölle zu versinnbildlichen. Daraufhin haben sie auf „magische" Weise „Fäkalien" benutzt. Diese Praktiken der Etrusker beweisen nach Rosenberg „etruskische Spiegel", die zudem eindeutig die These stützen, dass der Hexenglaube durch die Etrusker nach Europa gebracht wurde.[154]

Eigene Reflexion | Noch bevor Rosenberg mit seiner Darstellung über den Hexenglauben der Kirche beginnt, gibt er in den Etruskern den Grund des Zaubererglaubens an, um sie zu verunglimpfen, da sie den nordischen Völkern „rassisch-völkisch feindlich gegenüber" gestanden haben.[155]

Offensichtlich sind die Beschreibungen Rosenbergs nur darauf bedacht, möglichst viele propagandistische Mittel einzusetzen, die manipulativ sowohl Ekel als auch Hass auf die Etrusker und damit auf die Kirche hervorrufen sollen, anstatt sich mit den Behauptungen Grünwedels kritisch auseinanderzusetzen oder sich mit der Wahrheit zu beschäftigen.

Es kommt hier die Frage nach der Herkunft solcher Gerüchte auf, denn nach seiner ersten Anschuldigung gibt sich Rosenberg Ausführungen über den Sonnenmythos hin und gebraucht die gleichen Verleumdungen, die schon die ersten Ankläger des Christentums der Antike verwenden. So schrieb Minucius Felix, ein Kirchenapologet aus dem 3. Jhd., dass geglaubt werde, die Christen hätten in Aufnahmeriten Kinder aufgeschlitzt und Menschenfleisch gegessen.[156]

Es besteht auch die Möglichkeit, dass Grünwedel, auf den sich Rosenberg bezog, das Buch *The Witch Cult in Western Europe* der englischen Archäologin Margaret Alice Murray als Quelle zurate gezogen hat. Sie schrieb 1921 von einem Fruchtbarkeitskult aus archaischer Zeit, in der die Anhängerinnen dieses sogenannten Wicca-Kultes bis heute einem gehörnten Gott dienen sollen und im Mittelalter als Hexen verfolgt worden seien,[157] weil die Gottheit durch die Kirche zum Teufel verklärt worden sei.[158]

In dem scheinbar nebensächlichen Satz über die Exklusivität des Juden-

---

[154] Ebd., S. 65.

[155] Ebd., S. 61.

[156] Vgl. MARCUS MINUCIUS FELIX, Octavius 28, übersetzt von Alfons Müller, Octavius. Bibliothek der Kirchenväter, Band. 14, München 1913, unter: https://www.unifr.ch/bkv/rtf/bkv51.rtf. Abgerufen am: 20.02.2017

[157] Vgl. Rainer DECKER, Darmstadt 2004, S. 108.

[158] Vgl. Walter RUMMEL; Rita VOLTMER, Darmstadt 2008, S. 9.

tums wird deutlich, welche Absicht Rosenberg neben der Hetze gegen die Kirche verfolgt: Er möchte nämlich bekunden, dass die Hexerei aus dem Judentum kommt, denn für ihn stammt das Judentum wie die Etrusker aus Vorderasien bzw. aus dem Osten. Die Kirche selbst sei verjudet.[159]

Am Ende seiner Erläuterung führt Rosenberg auf, wie die „Fäkalien" gebraucht werden, aber seine Beschreibung ist für den Leser sehr konfus formuliert. Sie bestätigt den Eindruck, dass es Rosenberg nicht um die Darstellung von Fakten, sondern um eine Aneinanderreihung von unappetitlichen Wörtern geht, um die Etrusker und damit die Kirche als abscheulich zu charakterisieren.

I.4.c Die Etrusker verschwinden

Aufgrund seiner Vorstellungen von Hexereien sei das Volk der Etrusker es nicht wert gewesen, sein „Erbgut" weiter zu verbreiten. Rosenberg freut sich deshalb, dass die etruskischen Traditionen von den Römern, die wie die Germanen ein „nordisches" Volk gewesen seien, mit Gewalt unterbunden werden konnten bzw. Italien von den Etruskern, „menschenunwürdigste Infamie als nationales Erbgut", „gesäubert" wurde. Dabei habe dem römischen Volk das Festhalten am Patriarchat der Familie ebenso wie „ihr hartes römisches Recht" und der „großartige Senat" geholfen.[160] Allerdings beklagt Rosenberg, dass sich ungeachtet der Verjagung die Traditionen, die Überzahl und die „übliche internationale Geschlossenheit alles Gauner- und Gauklertums" ins römische Volk „einfraßen". Dazu komme der ganze „Völkermorast", der durch die Eroberungen ins Reich eintrat.[161]

Eigene Reflexion | Auf den ersten Blick sprach Rosenbergs letztgenannte Argumentation für das Übrigbleiben etruskischer Werte und Praktiken unkundige, zeitgenössische Leser aufgrund der lebhaften Illustration höchstwahrscheinlich an. Rosenberg hatte das Ziel, alles Fremde als feindlich darzustellen und das Römische Reich als Pendant des Germanentums aufleuchten zu lassen, um Deutschland davor zu warnen, nicht dieselben Fehler zu begehen wie Rom, nämlich fremde Ethnien ins Reich zu lassen. Daneben ist ihm das Betonen der Familie wichtig, die allerdings vom Vater geführt werden soll.

---

[159] Vgl. *Mythus*, S. 466; eine Analyse der Herkunft des Judentums bei Rosenberg wäre ein eigenes Forschungsgebiet.
[160] Ebd., S. 65.
[161] Ebd., S. 66; *Studien*, S. 3.

Die Frau spielt in dieser die Rolle, die ihr die Nationalsozialisten zuschrieben.[162]

Bei genauerem Hinschauen jedoch wirkt die ganze These nicht greifbar, denn sie steckt voller Logiklöcher. Es ist vollkommen unklar, von welchen Traditionen und von welchem Gauklertum er spricht. Es stellen sich dabei die Fragen, was die Etrusker mit alldem zu tun haben und warum Rom einerseits von etruskischem Gedankengut „gesäubert" wurde, während andererseits die Traditionen im Volk verblieben. Rosenberg merkt den Widerspruch nicht.

Auch das zweite Beispiel seiner These passt nicht in diesen Zusammenhang, denn an einer Überzahl im Sinne einer Überbevölkerung haben die Etrusker seiner Logik folgend keinen Anteil, immerhin wurde Italien von ihnen „mit dem Schwert [...] gesäubert".[163] Doch dieser Bruch ist Rosenberg gleichgültig. Er möchte vermutlich vermitteln, dass das römische Volk durch andere Völker zu groß geworden ist, um auf eine vermeintliche Überbevölkerung in Deutschland, seiner Meinung nach vermutlich hervorgerufen durch zu viele Juden, aufmerksam zu machen.

Ebenso unverständlich ist, weshalb der Autor die Eroberungen anderer Länder, also den „Völkermorast des Mittelmeeres",[164] anprangert. Möglicherweise möchte er aussagen, dass Deutschland sich von anderen ethnischen Gruppen, welche sich im Deutschen Reich befanden, distanzieren soll. Damit steht er in einer Linie mit Hitlers Vorstellungen.[165]

I.4.d Etruskische Überbleibsel

Nach dieser Beschreibung fährt Rosenberg fort und kommt zum Verbleib des Zauberer- und Hexenglaubens in Europa bis zu seiner Zeit:[166]

Während die oben genannten etruskischen Überbleibsel unterschwellig

---

[162] Vgl. Rita VOLTMER, Freiburg im Breisgau 2008, S. 112: Der im 19. und 20. Jhd. propagierte Mythos der weisen Frauen und Hebammen sollte für „sinnlich-affekthafte" „Rollenklischees" herhalten, die die Frauen als fruchtbare Mütter darstellten, welche sich am Herd um die Familie kümmerten und den Nachwuchs reproduzierten. Darin lag die Rolle, die den Frauen zur „Ausbildung einer Nation" zugedacht war.

[163] *Mythus*, S. 66.

[164] Ebd.

[165] Vgl. Harald IBER, Frankfurt am Main 1987, S. 41.

[166] Vgl. *Mythus*, S. 172; 627: Die Fürbitten und Sakramente hält Rosenberg für Zaubererglauben.

im römischen Volk verblieben seien, habe Rom mehrerer sichtbarer Elemente der Etrusker nicht Herr werden können, nämlich des Haruspexes, der Hohepriester der Etrusker und deshalb der obere Hexer, und der Auguren, für Rosenberg ebenfalls Zauberer. „Gräulichste" Menschenopfer, die am Ende des Römischen Reiches als Zeichen der „Entfesselung aller Leidenschaften" aufgetaucht seien, seien genauso etruskisches Erbe.[167] Die Gladiatorenkämpfe seien ebenso etruskisch, denn sie kommen laut Rosenberg aus Etrurien.[168] Seiner Meinung nach untermauern Grabsteine der „Tusker" die These. Sie zeigen, dass Opferungen und das „Menschenschlachten" Zauber waren, die gerne ausgeführt wurden.[169]

Eigene Reflexion | Hier erschließt sich dem heutigen Leser die Argumentationsweise Rosenbergs nicht. Er bedient sich historischer Elemente in völliger Unkenntnis der Sachlage. Etrurien ist eine Landschaft im Norden Italiens und steht nicht mit Vorderasien in Zusammenhang.[170] Zudem entsteht die Frage, wieso Gladiatorenspiele als etruskisches Erbe zu jeder Zeit des Römischen Imperiums erhalten geblieben sind, während Menschenopfer erst beim Fall des Reiches wieder aufgetaucht sein sollen. Wie diese Traditionen erhalten geblieben sind, obwohl sich das Volk aller etruskischen Elemente entledigt habe, erklärt Rosenberg nicht. Die Menschenopfer sind für ihn wieder nur ein Mittel, beim zeitgenössischen Leser Hass auf die Etrusker zu erwecken.

I.4.e Der Verbleib des etruskischen Hexenglaubens in der Kirche

Da Rosenberg der Ansicht ist, dass sowohl die Traditionen der Zauberei als auch das Amt des Haruspex vom Römischen Volk immer wieder bekräftigt wurden, sei aus dem Hohepriester der Papst hervorgegangen. Das Kardinalskollegium stellt für ihn wiederum eine Fortsetzung der „Tempelherrschaft" dar und sei eine Mischung aus Judentum, Priestertum der „Etrusko-Syro-Vorderasiaten" und dem Römischen Senat. Der Papst und das Kardinalskollegium haben dafür gesorgt, dass sich der „furchtbare Zauberglaube, jener Hexenwahn", im Mittelalter ausbreitete und Millionen Opfer forderte.

---

[167] *Studien*, S. 3.
[168] Vgl. *Mythus*, S. 66.
[169] Ebd., S. 69.
[170] Vgl. Ernst BRUCKMÜLLER; Peter HARTMANN, Putzger. Atlas und Chronik zur Weltgeschichte, Berlin 2002, S. 44 .

Wegen des *Hexenhammers* sei der Glaube nicht ausgestorben, sondern lebe bis zur Zeit Rosenbergs weiter, wie kirchliche Literatur „lustig" belege.[171]

Rosenberg insistiert des Weiteren, der Papst habe die grausigen, oben beschriebenen Zeremonien der Etrusker aufgenommen und sie in die kirchliche Vorstellungswelt der christlichen Hölle übertragen. Zudem habe die Kirche Überzeugungen von „Tier-Menschendämonen" und das „komplizierte Zauber- und Opferwesen" im Mittelalter verbreitet.[172] Seine These sieht er in Dante Alighieris Darstellung der Hölle, dem *Inferno*,[173] bestätigt. Der italienische Autor des 11. bis 12. Jhd. habe die Opferungs- und Foltermethoden der Etrusker veranschaulicht und erhebe mit seinen Schilderungen Anklage gegen den Papst.[174]

Doch Rosenberg ist der Ansicht, dass der „Hexenspuk" durch Freiheitssuche überwunden werden könne, die dem „Germane" eigen sei. Dank der Suche nach Freiheit, Gradlinigkeit und Gesundheit konnte der Hexenwahn eingedämmt werden und konnten „Zentren europäischer Kultur" entstehen.[175]

Eigene Reflexion | Hier eröffnet sich ein weiteres Ziel der Darstellung Rosenbergs: Er möchte offerieren, dass der Ursprung des Hexenwahns im Judentum lag und über die Etrusker nach Europa kam, wobei seine Gedankengänge kaum nachvollziehbar und wirr formuliert sind. Rosenberg zieht die Verbindungen zum Judentum, weil es für ihn den Hexenglauben ursprünglich zu verantworten habe, indem es den persischem Heilsbringer Angromayniu zum Satan umgewandelt habe, um die reine Rasse der Perser zu untermauern.[176]

Für Rosenberg trägt die Kirche aber die alleinige Schuld, dass sich der Hexenwahn zu den Verfolgungen entwickeln konnte, da sie als Institution der Organisator gewesen sei. Dabei wollte Rosenberg nicht das Christentum an sich diskreditieren. Vielmehr hat für ihn das wahre Christentum nichts mit der Kirche gemein, die sich nur auf das Negative wie Dämonenaus-

---

[171] *Mythus*, S. 67.

[172] Ebd., S. 69.

[173] Vgl. Helmut DIEHM (Hrg.), Der Brockhaus in einem Band, Leipzig 2000, S. 174: Italienischer Dichter aus Florenz, geboren 1265, gestorben 1321, schrieb 1321 „Die göttliche Komödie" deren letzter der drei Teile die Beschreibung der Hölle ist.

[174] Vgl. *Mythus*, S. 68.

[175] Ebd., S. 70.

[176] Vgl. ebd., S. 33.

treibung, Tod und das Leiden Jesu berufe. Das „positive Christentum" dagegen stütze sich wie der germanische Geist auf das Leben Jesu, also auf positive Gedanken. Das „negative", kirchliche entstamme dem Orient und daher dem Judentum.[177] Damit bewertete Rosenberg das sog. ‚positive Christentum' als durchaus etwas Gutes, welches nur von der Kirche missbraucht werde, indem sie die Lehre Jesu durch den Hexenglauben der Juden ersetzt habe. Mit seiner Meinung stellte sich Rosenberg nicht in den Kanon anderer kirchenfeindlicher Ideologen der Rechten, die sich ohne Einschränkungen feindlich gegen das ganze Christentum stellten,[178] wie beispielsweise Mathilda Ludendorff, die im Titel ihres Buches schon eine christenfeindliche Haltung suggeriert.[179]

Die Entwicklung des Papstes aus dem etruskischen Haruspex entbehrt schließlich jeder Grundlage und wird von den kirchlichen Autoren abgewiesen. Auch der Missbrauch von Dante als Bürgen kann einer Überprüfung wohl kaum standhalten, obwohl Rosenberg glaubte, mit einem bekannten Dichter seine Ausführungen glaubhafter zu machen. Offensichtlich ging er davon aus, dass Dantes Darstellungen der Hölle weitreichend bekannt waren, so dass sein *Inferno*-Beispiel eine Wirkung erzeugen konnte.

I.4.f Der Papst als Zauberer

100 Seiten später entfaltet Rosenberg noch einmal den Hexenglauben, diesmal jedoch in Bezug auf seine gegenwärtige Zeit. Er möchte zeigen, dass die Kirche den Hexenglauben 1930 noch hoch hält. Der Papst, von Rosenberg jetzt „Medizinmann" genannt, wolle den Menschen glauben machen, durch Fürbitten und Gebete die Macht zu haben, das Schicksal eines Menschen nach dem Tod beeinflussen zu können. Dies sei primitivster Hexenglaube, wie ihn auch „Seevölker" praktizieren. Durch den Versuch, einen Vertrag mit Gott abschließen zu wollen, sei der Medizinmann selbst ein Dämon, der Gott erproben wolle. Dieser Dämon habe den Willen, den Menschen Angst einzujagen, um sie vom autonomen Denken abzuhalten, damit sie nicht merken, dass er diabolisch ist. Nur so könne er seine Macht in der Welt behalten. Zur Angsterzeugung habe der Papst den Hexenglauben großgezüchtet. Die

---

[177] Vgl. ebd., S. 78.
[178] Vgl. Katarzyna LESZCZYNSKA, Bielefeld 2009, S. 211.
[179] Vgl. Mathilde LUDENDORFF; Walter LÖHDE (Hrg.), Christliche Grausamkeiten an Deutschen Frauen, München 1936.

Dogmen der Kirche als Manifestation des Zauberglaubens dienten zur Aufrechterhaltung der Angst.[180]

Eigene Reflexion | In diesem Teil seiner Argumentation wird nicht deutlich, welchen Platz Rosenberg dem päpstlichen Hexenglauben zuordnet. Es mutet an, als glaube der Papst selber an Hexerei und habe die Praktiken in den Dogmen festgesetzt. Es entsteht jedoch auch der gegensätzliche Eindruck, er predige nur den Hexenglauben, um die Sorge davor zu erzeugen. Dann erschließt sich allerdings nicht, warum er nach Rosenberg dann selbst Hexerei betreibt. Außerdem scheint Rosenberg mit seiner Anschuldigung, der Papst sei ein Dämon, selbst dem Glauben an Dämonen verfallen zu sein, obwohl er doch als Germane frei von diesem Denken sein müsste.

Es bleiben viele Fragen offen, die Rosenberg nicht beantwortet. Ihm ist es nicht wichtig, eine Einstimmigkeit seiner Beispiele zu erreichen. Er möchte, dass dem Leser im Gedächtnis bleibt, dass der Papst und mit ihm die Kirche die Schuld am Hexenglauben des Mittelalters tragen und die Juden daran Anteil haben. In welcher Form dies geschehen sein soll, wird von ihm nicht zu Ende gedacht.

II.5 *Fazit*

Damit ist bei Rosenberg das Hexenthema in dem Buch beendet. Es wurde analysiert und mit eigenen Reflexionen überlegt, ob Rosenbergs Ansinnen plausibel erscheint und worauf er hinauswollte. Es ist festzustellen, dass Rosenberg alles sehr bildhaft ausführt, so dass neben der unübersichtlichen Schreibweise bzw. der vielen Ungereimtheiten in den dreißiger Jahren der Eindruck entstanden sein könnte, dass er recht hat. Die Wissenschaft ist sich indes uneins, inwieweit der *Mythus* auf fruchtbaren Boden fiel.[181]

Für Rosenberg schien das Thema damit abgeschlossen. Auffällig ist, dass er sich gar nicht auf die Zeit der wahren Hexenverfolgungen in Europa bezieht, sondern diese Zeit überspringt und bloß über den Ursprung sinniert, bevor er dazu übergeht, den Zaubererglauben der zeitgenössischen Kirche anzuprangern. Demgemäß fehlt es auch an Opfern. Rosenbergs Darstellung des Hexenwahns ist eine Geschichte ohne Hexen und ohne Verfolgung,

---

[180] *Mythus*, S. 172ff.
[181] Vgl. Reinhard BOLLMUS, Stuttgart 1970, S. 26.

denn diese sind ihm gleichgültig. Eine Darstellung des wahren Hexenwahns im 17. Jhd. würde ihn nicht zu seinem Ziel führen. Er möchte nur offerieren, wie die Kirche zum Hexenglauben gekommen ist und warum im Mittelalter Germanen sterben mussten. Damit zeigt er eine „germanische Kontinuität" und den ewigen Kampf des Germanentums gegen das ‚falsche Christentum', also die Kirche, und das Judentum.[182]

[182] Katarzyna LESZCZYNSKA, Bielefeld 2009, S. 179.

II. WILHELM NEUSS –
STUDIEN ZUM MYTHUS DES 20. JAHRHUNDERTS

II.1 *Historischer Kontext*

Da das Buch von Rosenberg und insbesondere die Darstellung des Hexen-glaubens kirchenfeindlich war[183] und eine neue Glaubensrichtung des Nationalsozialismus verfocht,[184] sah die Kirche seit 1930 besorgniserregend auf das Buch und trat seit 1933 als Gegnerin von Rosenberg auf, indem sie in „oberhirtlichen Verlautbarungen" die Lehren als Irrlehre kennzeichnete.[185] Auf das Buch und damit auf das Hexenthema reagierte sie mit den *Studien zum Mythus des 20. Jahrhundert,* die die Problematik ‚Hexen' beinhalteten.[186]

Nach der Machtübernahme der NSDAP dagegen wurde Rosenberg von Hitler am 2.2.1934 zum „Beauftragten des Führers zur Überwachung der gesamten geistigen und weltanschaulichen Schulung und Erziehung der Partei und aller gleichgeschalteten Verbände sowie des Werkes „Kraft durch Freude"" ernannt, wie der Völkische Beobachter verlauten ließ. Deshalb wurden an der Kölner Universität Kurse von der Fachschaft angeboten, die sich auf den *Mythus* bezogen,[187] auch wenn die Schrift von der katholischen Kirche am 7.2.1934 indiziert wurde.[188]

Aufgrund der Seminare sah sich der Kölner Professor für Kirchenge-schichte, Wilhelm Neuss, gezwungen, das Buch zu analysieren.[189] Er erkannte vor allem im kirchengeschichtlichen Teil den „populären [und] scheinbar wissenschaftlichen" Charakter, weshalb er zusammen mit einigen katholischen Theologen die Schrift *Studien zum Mythus des 20. Jahrhunderts* verfasste.[190] Bis zur Veröffentlichung hatten die Autoren und Verleger mit

---

[183] Vgl. Harald IBER, Frankfurt am Main 1987, S. 42.
[184] Vgl. Reinhard BOLLUMUS, Stuttgart 1970, S. 22.
[185] Raimund BAUMGÄRTNER, Weltanschauungskampf im Dritten Reich: Die Auseinander-setzung der Kirchen mit Alfred Rosenberg, Mainz 1977, S. 138.
[186] Vgl. Reinhard BOLLUMUS, Stuttgart 1970, S. 22.
[187] Raimund BAUMGÄRTNER, Mainz 1977, S. 154.
[188] Vgl. Hubert WOLF, „Wechsel in der Kampftaktik"? 75 Jahre nach Erscheinen der Enzyk-lika „Mit brennender Sorge", in: Andeas Batlogg (Hg.), Stimmen der Zeit, 137. Jahrgang, Heft 4/2012, S. 241-252, hier S. 245.
[189] Vgl. Raimund BAUMGÄRTNER, Mainz 1977, S. 154.
[190] Wilhelm NEUSS, Köln 1947, S. 7.

Schwierigkeiten zu kämpfen, die Neuss in dem nach Kriegsende erschienen Buch *Kampf gegen den Mythus* detailreich beschreibt. Für das Hexenthema sind die Hindernisse aber nur in dem Sinne von Bedeutung, als dass die nachfolgenden zwei Bücher der Kirche das Thema in weniger offensichtlicher, aber in verstärkter Form ansprechen. Doch darauf wird später eingegangen.

Wilhelm Neuss, Initiator der *Studien,* war auch für deren geschichtlichen Teil verantwortlich, weil der dafür vorgesehene Professor Joseph Greven die Unwissenschaftlichkeit des *Mythus* zu absurd empfand und resignierte. Auch Neuss stellte fest, dass alle Aussagen Rosenbergs zu „krass" und „falsch" waren.[191] Unter anderem die Darstellung des Hexenthemas entbehrte jeder Grundlage, weshalb Neuss auf insgesamt acht Seiten[192] im Teil über das Altertum und mehreren halben Seiten im Part über das Mittelalter auf die Hexen einging.[193]

Die *Studien* haben großen Anteil daran, dass der Diskurs um den Hexenwahn eröffnet wurde, wie die Kommentare Rosenbergs in seinem nachfolgenden Buch *An die Dunkelmänner unserer Zeit* belegen.[194]

II.2 *Hexen in den ‚Studien zum Mythus des 20. Jahrhunderts' – Inhalt*

II.2.a Rosenbergs Vorwürfe in den ‚Studien'

Neuss beginnt damit, Rosenbergs Schilderung des Hexenwahns in der Antike zu präzisieren.[195] Wie schon in der Analyse des *Mythus* festgestellt wur-

---

[191] Ebd., S. 15.

[192] Vgl. Barbara SCHIER, München 1990, S. 54.

[193] Der kirchengeschichtliche Teil beschäftigt sich mit der Antike, dem Mittelalter und der Neuzeit. In jedem der drei Abschnitte werden zuerst die Gedanken Rosenbergs zusammengetragen, um diese in einem weiteren Schritt wissenschaftlich zu widerlegen. Im Altertumsteil findet sich die umfangreichste Beschäftigung mit dem Hexenthema, aber auch andere Themen.

[194] Vgl. Alfred ROSENBERG, An die Dunkelmänner unserer Zeit. Eine Antwort auf die Angriffe gegen „den Mythus des 20. Jahrhunderts", München 1935, S. 4-6.

[195] Vgl. *Studien,* S. 3f: Neuss beginnt darzulegen, dass die Etrusker ihre Bräuche und Werte nach Italien gebracht haben und die Traditionen im römischen Volk weiter Bestand hatten. Zudem führt Neuss Rosenberg diese an, dass sich der Hexenwahn in den Vorstellungen der Kirche und des "asiatischen Christenglaubens" verbreitet habe, da der Papst Nachfolger des Haruspex sei, und Millionen das Leben kostete. Dass der Papst von Rosenberg sehr

de, macht ein nicht unwesentlicher Anteil die über sein ganzes Buch verstreute Kirchengeschichte aus. Diese Tatsache stellen die kirchlichen Autoren in ihrer Einleitung der *Studien* ebenfalls fest und wollen daher versuchen, die Vorwürfe Rosenbergs zusammenzufassen, um sie dem Leser der *Studien* verständlicher zu machen. Dabei wird sehr viel aus dem *Mythus* abgeschrieben, allerdings sind die Zitate im Gegensatz zum Buch Rosenbergs gekennzeichnet.[196] Die Rezitierung sahen die Autoren als notwendig, da Katholiken den auf dem Index befindlichen *Mythus* nicht lesen durften.[197] Allerdings erwähnt Neuss in seinem Teil nicht alle Vorwürfe.[198] Es ist möglich, dass sie ihm wie seinem Kollegen Greven zu abstrus waren, als dass er sie erwähnenswert empfand. Es sieht aber so aus, als ob Neuss sich nur auf die provokantesten Aspekte fokussiert hat.

II.2.b Die Quelle Rosenbergs

Nach der Zusammenfassung der rosenbergschen Gedankengänge beginnt Neuss mit der Apologie, die er *Prüfung* nennt. Hier möchte er die Wahrheit darstellen.

Er führt auf, dass Rosenberg in sehr kurzer Zeit sehr viele Informationen gegen die Kirche haben wollte. Daher habe sich Rosenberg auf das Buch von Albert Grünwedel, *Tusca*, erschienen 1922, verlassen. Grünwedels Idee sei eine „fixe", der der ehemals geschätzte Wissenschaftler erlegen sei. Grünwedels Forschungen an „unsympathischen indischen Höhlenmalereien" haben den Einfall hervorgerufen, sexuelle Perversität in allem zu sehen. Daher habe er versucht, Obszönitäten in die „etruskischen Sprache, Mythologie und Kunst" hineinzuinterpretieren. Als Beweis führe jener Texte wie Grab-

---

häufig Medizinmann genannt wird, erwähnt Neuss, nicht jedoch, dass dieser Medizinmann für Rosenberg der oberste Zauberer ist. Auch die Idee Rosenbergs, die Anschuldigung an die Kirche finde sich im Dantes Inferno wieder, reißt Neuss an. Die genaue Beschreibung des Sonnenmythos findet sich bei Neuss zwar nicht, aber er erläutert Rosenberg Ansicht, dass die Menschenfolter des Etruskers Liebstes war und sich die Vorstellungen der Etrusker laut Rosenberg im syrischen und jüdischen Raum wiederfinden. Dass Machtgier und die Erzeugung von Angst im Volk für Rosenberg die Motivation der Kirche seien, findet sich bei Neuss nicht, allerdings rezitiert der katholische Professor, dass die Kirche und der Glaube an Dämonen eng miteinander verwoben seien.

[196] Vgl. ebd., S. 1.

[197] Vgl. Barbara SCHIER, München 1990, S. 54.

[198] Die fehlenden Dinge aufzuzählen würde bedeuten, an dieser Stelle eine Wiederholung der Analyse des „*Mythus*" aufzunehmen.

inschriften der Etrusker auf, die er übersetzt habe. Zu der Quelleninterpretation Grünwedels wirft Neuss ein, dass die Sprache der Etrusker bisher von keinem Wissenschaftler übersetzt werden konnte, so dass es unmöglich ist, Behauptungen auf etruskischen Schriften aufzubauen. Aus dem Grund sei Grünwedels Forschungsergebnis reine Einbildung. Obwohl Rosenberg Grünwedel als Hauptquelle herangezogen habe, um das Elementare seiner Absicht darzustellen, nämlich die rassische Vergiftung Europas durch die Etrusker, sei *Tusca* schon 1923 von Gustav Herbig widerlegt worden.[199] Dieser habe von den Grabinschriften logischere Übersetzungen geliefert, die keinerlei Hinweise auf perverse Riten der Etrusker geben, so Neuss. Aber auch jeder Laie erkenne laut Herbig sofort, dass Grünwedels Beweisführung „Hirngespinste" sind, was von dem Berliner Orientalist Wilhelm Schubert ebenfalls attestiert werde.[200]

Eigene Reflexion | Die Prüfung des Rosenberg'schen Buches durch Wilhelm Neuss verläuft bis hierhin glaubwürdig, da jede Angabe bei den jeweiligen Autoren dank Zitation in den Fußnoten nachprüfbar ist. Tatsächlich ist unter anderem der von Neuss nachgewiesene Gebrauch Grünwedels belegt, so dass davon ausgegangen werden kann, dass auch Neuss' andere Quellen der Wahrheit entsprechen.[201] Zugleich ist im Gegensatz zu Rosenberg ein geordneter Aufbau erkennbar, auch wenn er mehrmals aus dem Zusammenhang gerissen erwähnt, dass Grünwedel ursprünglich ein hervorragender Wissenschaftler war und nun am Alter leide.[202] Die Auskunft, Grünwedel sei dement, verwirrt jedoch den kritischen Leser, der darin einen Widerspruch von Neuss sich selbst gegenüber sehen könnte, da er einerseits Grünwedel als unglaubwürdig darstellt, ihn andererseits aber lobt. Zudem wird Neuss ebenso wie Rosenberg dazu verleitet, herabsetzende Wörter und sarkastische Bemerkungen zu gebrauchen, um die Quelle Rosenbergs zu entwerten.[203]

Etwas unverständlich ist daneben das Argument, welches Neuss gegen Grünwedels Übersetzung ausführt. Auf der einen Seite behauptet er nämlich, dass die etruskische Sprache nicht zu übersetzen sei, zum anderen

---

[199] *Studien*, S. 8.
[200] Ebd., S. 9.
[201] Vgl. Harald IBER, Frankfurt am Main 1987, S. 37.
[202] Vgl. *Studien*, S. 8f.
[203] Vgl. ebd., S. 8: Die „scheußlichen", „krankhaften, sexuellen Perversitäten" Grünwedels.

nennt Neuss Herbig, der Grabinschriften übersetzt haben will. Neuss sagt jedoch nicht, wie jener auf die Übersetzung kommt. Es müsste folglich die Begründung aus Herbigs Buch selbst herangezogen werden.

Trotz der beiden Missverständlichkeiten wird in dem Abschnitt das Ziel von Neuss deutlich, Rosenbergs Quelle über den Ursprung des Hexenwahns als falsch zu belegen. Dies gelingt Neuss, auch wenn er sich am Ende des Abschnitts abermals in Vorwürfen und anschließenden Entschuldigungen an Grünwedel verliert.

II.2.c Die Etrusker und das Papsttum

Nachdem Neuss die Unwissenschaftlichkeit des Grünwedel-Buches auf fast zwei Seiten bestätigt hat, beginnt er, die Wahrheit über die Etrusker auszubreiten.

Rosenberg gibt den Etruskern die Schuld am Hexenwahn, wie Neuss feststellt. Für den katholischen Professor ist klar, dass es für den nationalsozialistischen Autor einfacher ist, zum heutigen Papsttum überzugehen, indem er dem katholischen Oberhaupt der Antike die Förderung des Hexenwahns unterstelle und die Germanen von jedem Hexenglauben freispreche. Rosenberg ist für Neuss zu inkompetent, um eine Multikausalität für einen putativen Hexenwahn in der katholischen Kirche herzustellen.

Eigene Reflexion | Neuss hat die Kernsaussage Rosenbergs verstanden und versucht zu begründen, warum Rosenberg die These aufstellt, der Papst sei aus dem Haruspex hervorgegangen. Dabei übersieht Neuss allerdings, dass Rosenberg mitnichten den Hexenglauben im Germanentum explizit leugnet. Es ist jedoch verständlich, dass er Rosenberg dahingehend interpretiert, denn Rosenbergs Argumentation ergibt keinen Sinn, sollte er von einem germanischen Hexenglauben ausgehen. Daher baut Neuss seine folgende Verteidigung auch dementsprechend auf, den germanischen Hexenglauben zu begründen.

II.2.d Die Germanen und der Hexenglaube

Um zu beweisen, dass Rosenberg mit der Mutmaßung des vom Hexenglauben freien Germanentums Unrecht hat, nennt Neuss den *Edictus Rothari*, welcher von Rothari, eigentlich Rothar, Langobardenkönig von 673-652, verabschiedet wurde. In dem Edikt habe der König die Tötung von Hexen verboten und habe das Verbrechen des Mordes an Frauen unter Geldstrafe gestellt. Der Grund des Verbots sei, dass „ein Christ nicht glauben dürfe, dass es Hexen gebe".[204] Damit steht für Neuss außer Frage, dass die „heidnischen Langobarden" an Zauberei geglaubt haben und Angst davor hatten. Doch mit einem Beleg gibt sich Neuss nicht zufrieden, er führt einen zweiten an, nämlich das sechste Kapitel von *Capitulatio de partibus Saxionae*, ein Dekret Karls des Großen. In dem Abschnitt des Buches habe Karl der Große den Sachsen untersagt, Zauberer und Hexen, genannt Striga, nach „Art der Heiden" zu verbrennen und anschließend zu essen. Wer sich dem widersetze, erhalte die Todesstrafe. Neuss entnimmt dem Kapitel die Aussage, die heidnischen Sachsen hätten nicht nur an Hexen geglaubt, sondern auch ‚Hexen' verbrannt und anschließend als Lynchmob verzehrt.[205]

Eigene Reflexion | Die Beweisführung von Neuss ist offensichtlich sehr wissenschaftlich. Auch hier wird jedes Zitat durch eine Nennung der genauen Textstelle belegt. Im Gegensatz zu Rosenberg[206] gebraucht Neuss die Originalquelle, um Rosenbergs Behauptungen logische und aussagekräftige Widerlegungen entgegensetzen zu können. Für den kritischen Leser der Zusammenfassung des *Mythus* scheint die Apologie von Neuss mehr zu überzeugen als der *Mythus*, auch wenn er den Namen Rothars falsch nennt. Dies könnte allerdings der Eile geschuldet sein, die er beim Schreiben hatte.[207] Es fällt jedoch auf, dass Neuss sich dazu hinreißen lässt, die beiden Quellen zu verwenden, um obszöne Ausführungen zu machen und das Germanentum beziehungsweise die heidnischen Sachsen sehr bestialisch darzustellen, indem er Sachverhalte beschreibt, die beim Leser Ekel und Abscheu erregen sollen.[208] Damit lässt er sich auf die „Rosenberg'sche Rhetorik" herab, wie schon Leszczynska feststellt.[209]

Zudem schlussfolgert Neuss den Verzehr von verbrannten vermeintlichen Hexen, obwohl er außer der Wiedergabe des Gesetzes keine Bestätigung aufführt, die Kannibalismus eindeutig belegt. Er schreibt folglich den Hexenmördern der Sachsen die Machenschaften zu, welche im Volks-

---

[204] Ebd., S. 12.
[205] Ebd., S. 13.
[206] Vgl. Harald IBER, Frankfurt am Main 1987, S. 36.
[207] Vgl. Wilhelm NEUSS, Köln 1947, S. 15ff.
[208] Vgl. *Studien*, S. 3.
[209] Katarzyna LESZCZYNSKA, Bielefeld 2009, S. 240.

glauben den scheinbaren Hexen selbst zugeordnet wurden.[210]

Nichtsdestotrotz entsprechen Neuss' Quellen der Wahrheit, wie der Abgleich mit Karls Dekret nahelegt.[211] Auch die Interpretation der Quellen scheint eine logische Deduktion zu sein, obwohl hervorsticht, dass die beiden Quellen in sämtlichen Büchern von den jeweiligen Autoren hinzugezogen und anders gedeutet werden, um deren eigenen Theorien zu tragen.

II.2.e Quellen zur Widerlegung des Hexenglaubens in der Kirche

Nach dem doppelten Beleg des Hexenglaubens im Germanentum geht Neuss auf den Hexenwahn in der Kirche ein.

Um zu beweisen, dass die Kirche nicht an Hexen geglaubt oder den Wahn hervorgerufen hat, nennt Neuss eine weitere Quelle, nämlich „eine Predigt des 8. oder 9. Jahrhunderts". Diese beinhaltet die Feststellung, dass der Hexenglaube im Volk weit verbreitet gewesen ist, aber von Weisen widerlegt worden sei. Daher ist es der Predigt nach verboten, an Hexen zu glauben, denn es gebe keine. Menschen, welche daran glauben, seien vom Teufel beeinflusst, da sie „nicht gesegnet" seien.[212]

Doch drei weitere Quellen sind Neuss wichtig. Die erste ist der *Canon episcopi*, ein fränkisches Synodalstatut aus dem 9. Jhd. In diesem steht laut Neuss geschrieben, dass Priester aufgefordert sind, entschieden gegen Frauen aufzutreten, welche behaupten, als Hexen auf Tieren geritten zu sein und sich dem Dienst der Göttin Diana hingegeben zu haben.

Der Fakt, dass Frauen dies immer wieder aussagen, zeige sich auch in Berichten aus Schweden des 19. Jhds., von denen das *Handwörterbuch des deutschen Aberglaubens* erzähle. In Skandinavien wollen Frauen auf dem Blocksberg gewesen sein, wie Neuss' zweite Quelle aufdeckt. Die schwedischen Berichte fernab vom Einflussbereich des damals Römischen Reiches zeugen für Neuss davon, dass weder Rom noch die Etrusker Wirkung auf den Hexenglauben gehabt haben, sondern dass dieser fest in den „nordischen Völkern" und der „germanischen Tradition" verankert ist. Zudem sei

---

[210] Vgl. Tatjana BINK, Als die Teufel fliegen lernten. Zur Genese des Hexenglaubens bis zur frühen Neuzeit, Göttingen 2008, S. 110.

[211] Vgl. Herbert JANKUHN, Spuren von Antropologie in der Capitulatio de partibus Saxionae? in: Nachrichten der Akademie der Wissenschaften in Göttingen aus dem Jahre 1968, Göttingen 1968, S. 59.

[212] *Studien*, S. 13f.

seit jeher bis in die heutige Zeit das Verbrennen von Hexen aus Angst vor ihrem Schaden und zu ihrer Unschädlichmachung im germanischen Raum üblich. Immerhin berichten die Baseler Nachrichten im Juli 1934 noch von einer Hexenverbrennung, bei der ein Bauer in einem nichtkatholischen Gebiet das Haus einer vermeintlichen Hexe angezündet habe und die Neuss als dritte Quelle vorbringt.[213]

Eigene Reflexion | Neuss führt mit der Predigt, der ersten Quelle, einen Nachweis an, welcher zwar den Hexenwahn widerlegen soll, die aber für den kritischen Leser als Bestätigung nicht ganz schlüssig ist, denn in der Quelle wird sowohl der Hexenglaube als Irrsinn thematisiert als auch als Tatsache gegeben ausgesprochen, dass der existierende Teufel den Hexenglauben einpflanze und der Aberglaube damit Sünde sei. Der Widerspruch, dass es zwar den Teufel, aber keine Hexen gebe, ist offensichtlich.

Neuss' Beweisführung ist anhand der letztgenannten Quelle plausibler, insbesondere dadurch, dass alle Nachweise nachprüfbar sind. In ihr gibt es keinen Widerspruch zu der These, dass die Germanen den Hexenglauben schon innehatten und gegen vermeintliche Zauberer stets brachial vorgegangen sind.

Im gesamten Abschnitt verzichtet Neuss diesmal auf polemische Aussagen, wie er sie im ersten Teil seiner Beweisführung gemacht hat. Es scheint, als würde er sich besinnen, sich nicht auf die Ebene Rosenbergs begeben zu wollen. Vielleicht ist ihm aufgefallen, dass er dies im ersten Teil seiner Ausführungen getan hat. Es kann folglich eine Veränderung in Neuss Argumentation wahrgenommen werden, die nicht nur von einem zum anderen Buch vonstatten geht, sondern schon in einem einzigen Kapitel. Es scheint, als ob sich die These der Dynamik im Hexendiskurs bekräftigt.

II.2.f Schuld der Kirche und die Entstehung der Verfolgungen

Nach diesen Ausführungen klagt Neuss die Kirche selbst an: In den deutschen Gebieten haben die Männer der Kirche vor diesem Hexenglauben resigniert, nachdem sie seiner nicht Herr werden konnten. 1484 habe die kirchliche Verantwortung ihren Höhepunkt erreicht, als die Inquisitoren Jakob Sprenger und Heinrich Institoris den *Hexenhammer* geschrieben haben. Das Buch sei nicht nur vom Papst abgesegnet worden, sondern habe hohe Aner-

---

[213] Ebd., S. 14.

kennung bekommen, da die beiden Kirchenmänner in den Augen des Papstes einen großen Beitrag zur Ausrottung der Hexen geliefert haben.

Aus diesen Klarheiten folgert Neuss, dass Haftung der Kirche nur darin gesehen werden könne, dass sie nicht energisch genug gegen den in Germanien schon existierenden Hexenglauben vorgegangen ist, aber weder Schuld an seiner Verbreitung noch an seinem Ursprung habe.[214]

Neuss beschreibt weiter, dass sich aufgrund des deutschsprachigen Hexenhammers und des im deutschen Germanien vorkommenden Hexenglaubens der Wahn in Deutschland am stärksten ausgebreitet hat, insbesondere nach der Reformation. Die Reformatoren und Protestanten haben den Wahn und die Verfolgung unterstützt, was nach Neuss daran gesehen werden kann, dass es in protestantischen Ländern wie England und Nordamerika, beides protestantische Staaten, ebenfalls zu Hexenverfolgungen gekommen ist. Rom hingegen habe zwar nicht an einem Teufelsbündnis mit Hexen gezweifelt, aber die Verfolgungen verabscheut, so Neuss. Daher habe Rom die Möglichkeit der Existenz von Hexen nur mit Argwohn anerkannt.Um seine These zu stützen erklärt Neuss, dass es in Rom bis ins 17. Jhd. nur wenige Hexenprozesse gegeben habe, während in Deutschland der Hexenwahn bis ins 18. Jhd. „seine Opfer forderte".[215]

Eigene Reflexion | Die Konklusion von Neuss, die Kirche habe den Wahn nicht energisch genug bekämpft, ist nicht vollkommen folgerichtig, denn er merkt selbst an, dass der Papst zufrieden mit dem Hexenhammer war. Neuss widerspricht sich folglich selbst. Auf diese Widersprüchlichkeit in seiner Aussage beziehen sich seine Kritiker später.[216]

Es mutet zudem an, dass Neuss sich der Teilschuld der Kirche nicht stellen möchte,[217] denn erst erkennt er jene an, verwirft diese Anklage aber sofort, indem er die Schuld auf andere Glaubenskonfessionen abzuwälzen versucht. Er induziert von der Tatsache der Verfolgungen in evangelischen Gebieten auf die Verantwortung der Reformatoren. Er hat jedoch, im Gegensatz zu den anderen Resultaten seiner Argumentation, kein Zeugnis dafür, dass die Protestanten im Gegensatz zu den Katholiken verstärkt Hexen verbrannt haben. Seine Behauptung mag richtig sein, eine standhafte Verteidigung gegen Rosenbergs lautstarke Anschuldigungen ist dieses Beispiel

---

[214] Vgl. ebd., S. 14.
[215] Ebd., S. 14f.
[216] Vgl. Barbara SCHIER, 1990, S. 5f.
[217] Vgl. Katarzyna LESZCZYNSKA, Bielefeld 2009, S. 243.

seiner Argumentation mangels Zitats jedoch nicht. Neuss scheint sich dieser Tatsache ein Beispiel später bewusst zu werden, denn er führt wieder ausführlich ein Zitat an, das die Hexenprozesse in Rom und in Deutschland gegenüberstellt, wie im nachfolgenden Abschnitt gelesen werden kann.

II.2.g Warum kam es zum Wahn?

Im letzten Abschnitt seiner Verteidigungsschrift gegen den Vorwurf des Hexenwahns in der katholischen Kirche expliziert Neuss, weshalb der Papst keinen Anteil an den Verbrechen gehabt hat. Außerdem zieht er ein Resümee seiner Erläuterungen:

Laut Neuss hat sich die „Lehre von den gefallenen Engeln" und „bösen Geistern" und der Schauder davor nicht durch den Papst generiert, sondern sich erst manifestiert, nachdem die Christen die Vorstellungen von den alten Traditionen der Germanen, aber auch anderer hexengläubiger nichtgermanischer Gemeinschaften übernommen haben. In der Vorstellung der alten Völker sei der „Glaube an Dämonen" wie eine Gewissheit gewesen, so dass es unabdinglich gewesen sei, dass sich die Anschauungen aller Glaubensrichtungen vermischt haben und zu katastrophalen Auswirkungen erwachsen seien. Die Christen und die „Diener der Kirche" hätten folglich außerhalb ihrer historischen Umstände stehen müssen, um nicht selbst Anteil am Hexenglauben zu nehmen oder sich die Furcht vor bösen Zaubern anzueignen. Allerdings hätten die Christen, vor allem die früheren, mit Hilfe Jesu Christi diese Angst bezwingen können. Die Überwindung jedoch habe zu lange gedauert, als dass sie dem Hexenwahn rechtzeitig Einhalt gebieten konnte, so Neuss. Daher habe sich aus dem Dämonenglauben der Germanen der Hexenwahn und daraus erwachsend der „Teufelsspuk" im christlichen Deutschland entfalten müssen, wiederholt der Autor.

Zuletzt schließt Neuss den Kreis seiner Argumentation der Antike und kehrt zu den Etruskern zurück: In jenen könne nicht der „Ursprung des Christentums" zu finden sein, denn dieser sei allein in Jesus Christus.[218]

Eigene Reflexion | Neuss wiederholt am Ende seiner Ausführungen des antiken Hexenwahns noch einmal seine Eingangsthese, dass die Etrusker nichts mit der Kirche gemein haben und weder Papst noch Kirche den Wahn

---

[218] *Studien*, S. 15.

hervorgebracht haben.[219] Damit ermahnt er den Leser eindringlich, sich die Wahrheit zu merken. Vielleicht möchte er daneben sicherstellen, dass die Leser die Hauptthese begriffen haben. Neuss hat dessen ungeachtet nicht den Widerspruch aufgeklärt, den er mit dem Nennen des Hexenhammers und dessen Absegnung durch den Papst hervorgerufen hat. Für Neuss steht fest, dass die Gläubigen aus Versehen in den Hexenwahn gerutscht sind und der Hexenhammer ein Einzelfall einiger Kirchenmänner war, denn der Großteil der Christen habe sich gegen den Wahn gestellt. Wer diese waren und ob es aktiven Widerstand gegeben hat, erläutert Neuss hier nicht mehr, dafür sind seine Quellen aussagekräftig genug. Neuss übt dennoch Kritik an der Kirche, wodurch seine Argumentation an Glaubwürdigkeit gewinnt, denn er versucht an dieser Stelle nicht, mit den gleichen Mitteln der Schuldzuweisung zu kämpfen wie sein Gegner. Die Art und Weise, wie Neuss argumentiert, hat seine Mängel, ist jedoch größtenteils wissenschaftlich und damit für die nationalsozialistischen Kirchenfeinde schwer zu widerlegen. Die Defizite können der knapp zur Verfügung gestandenen Zeit geschuldet sein, die Neuss für die Recherche und das Schreiben hatte, sowie die Wut, die ihm beim Lesen des *Mythus* überkam.[220]

II.2.h Rosenbergs Illustration des Mittelalters – Allgemein

Die zusammenhängenden Ausführungen Neuss' sind zwar abgeschlossen, dennoch finden sich im Kapitel *Das Mittelalter* der *Studien* weitere Richtigstellungen über den Hexenwahn, aber nicht mehr in der Ausführlichkeit wie im Antikenteil. Allerdings bespricht er die Ketzerverfolgungen, auf die sich Rosenberg stützt, um Opferzahlen zu erfinden und die von der nationalsozialistischen Hexenforschung als Hexenwahnopfer gezählt wurden, weil beide Gruppen für die Nazis arische Opfer der Kirche, germanische Märtyrer[221] und Vorkämpfer für freies, „artgebundenes Denken" waren.[222]

---

[219] Vgl. ebd., S. 8,15.
[220] Vgl. Wilhelm Neuss, 1947, S. 15-17.
[221] Vgl. Katarzyna Leszczynska, Bielefeld 2009, S. 239.
[222] *Mythus*, S. 87.

II.2.i Zusammenfassung der Vorwürfe Rosenbergs

In der Sammlung der Darstellungen Rosenbergs beschreibt Neuss noch einmal einige Vorwürfe des Chefideologen Hitlers und wiederholt einige Vorwürfe bezüglich des Medizinmannes, der die etruskischen Praktiken in Form der Dogmengeschichte ins Mittelalter gebracht habe,[223] die Aussagen über die „etruskische Höllenlehre und Hexenwahn", welche „fortan christliche Wissenschaft" geworden seien, die „willkürliche Gewaltherrschaft" der Kirche als Kampf gegen das Germanentum[224] zum Aufzwingen der Lehre[225] sowie den Punkt von neun Millionen toten Ketzern. Rosenberg schrieb also nicht von Millionen Hexenwahnopfern, sondern von Ketzern. Aber die Zahl wird mit den Hexenverfolgungen in Verbindung gebracht und im Prüfungspart von Neuss durchleuchtet.[226] Zu den meisten restlichen Vorwürfen äußert er sich nicht, da sie schon im Altertumsteil einer genauen Prüfung unterzogen wurden.

II.2.j Inquisition

Rosenbergs Anklage, der Hexenwahn sei forciert worden, um das freie Germanentum zu unterjochen,[227] betont Neuss nicht noch mal, klärt aber über die Gewaltbereitschaft der Kirche auf: Neuss widerlegt die Gewaltanwendungen gegenüber Personen, die Rosenberg als deutsche Märtyrer präsentiert.[228] Zudem karikiert Neuss Rosenbergs beliebtes Stilmittel der Repetitio: Irrtümer werden durch Wiederholungen nicht besser, so Neuss, da Rosenberg immer wieder die angeblichen Gewalttaten der Kirche anprangert.[229]

Auch die übermäßige Gewalt gegen Ketzer streitet Neuss ab und belegt dies: Ketzer seien mit „ganz leichten Strafen" belegt worden, von einer Hochstilisierung eines Wahns sei hier nicht zu sprechen.[230] Das Vorgehen gegen die Bewegung der Katharer, welches Rosenberg als Hexenwahn ausgelegt haben könnte, verteidigt er, indem er schreibt, die Hinrichtungen sei-

---

[223] Vgl. *Studien*, S. 32.
[224] Ebd., S. 29.
[225] Vgl. ebd., S. 28.
[226] Vgl. ebd., S. 29.
[227] Vgl. *Mythus*, S. 173.
[228] Vgl. *Studien*, S. 36-43.
[229] Vgl. ebd., S. 41.
[230] Ebd., S. 53.

en durch den Staat geschehen, welcher aber eng mit der Kirche verwoben war, so dass beide Institutionen die Tötungen gutgeheißen haben.[231] Hier wie schon früher verurteilt Neuss folglich die Vorgehensweise der Kirche,[232] führt aber an, dass der Krieg gegen das Katharertum und Häretiker kein zielgerichteter Kampf war, um das Germanentum auszurotten.[233]

Neuss prägnanteste Stellungnahme im Mittelalterteil ist die Dementierung der Millionen Todesopfer. Er frage sich, wie solch eine Zahl zustande komme. Eine mögliche Quelle finde er in einem „für Freidenkerpropaganda geschriebenen, aus antichristlichen und antikirchlichen Anekdoten [...] zusammengestoppelten Buche" von M. Kemmerich. Kemmerich nenne Voltaire, der „zehn Millionen Menschen" beklage. Weitere Autoren haben diese Zahl aufgenommen, mal halbiert oder wieder Zahlen hinzugefügt, so dass Rosenberg auf neun Millionen komme.[234] Eine Tabelle in den *Studien*, die Neuss mit Voltaire zitiert, legt dar, wie der Franzose auf die horrende Zahl gekommen ist. Er habe Kriege mit eingezählt und diese mit immens vielen Opfern beziffert. Die Hingerichteten der Inquisition und damit der vermeintlichen Hexenverfolgung sind laut Tabelle nur 200.000. Allerdings habe die Inquisition keinen Hexenwahn hervorgerufen, so Neuss. Vielmehr habe sie beispielsweise in Pamiers in Südfrankreich Vorwürfe geprüft und von 636 Fällen nur 3 % an weltliche Gerichte übereignet. Von den weltlich Angeklagten sei wiederum nur einer von 22 hingerichtet worden.[235]

Eigene Reflexion | Wie schon zuvor versucht Neuss die kirchliche Verantwortung zu relativieren, prangert aber auch deren Vorgehen gegen Häretiker an. Damit kann er eventuell Kritikern den Wind aus den Segeln nehmen, die der Kirche Ignoranz vorwerfen könnten, wie Himmler im Fall Friedrich Spee, den der Reichsführer-SS von der Kirche als Kämpfer gegen den Wahn vereinnahmt sah, obwohl der Jesuit zu seiner Zeit von der Kirche verschmäht wurde.[236] Mit der Selbstanklage offeriert Neuss Einsicht.

Neuss belegt ferner glaubwürdig, dass die immensen Opferzahlen nicht der Wahrheit entsprechen. Damit enthüllt er mithilfe statistischer Fakten die

---

[231] Vgl. ebd., S. 48.
[232] Vgl. ebd., S. 50.
[233] Vgl. ebd., S. 49.
[234] Ebd., S. 51.
[235] Vgl. ebd., S. 53.
[236] Vgl. Jörg RUDOLF, Bielefeld 2000, S. 58.

„Absurditäten und Inkonsequenzen" der Argumentation Rosenbergs.[237]

Es ist auffällig, dass Neuss in dem Teil für den Zeitraum, in dem laut Rosenberg die Hexenverfolgung stattgefunden haben soll, kaum noch Hexen erwähnt. Zwar findet sich das Thema „Ketzer", welche Rosenberg zufolge in großem Stil umgebracht worden seien, aber die Dementierung der Behauptungen über den Hexenwahn schien für Neuss mit dem Teil über die Antike erledigt. Da Rosenberg die Hexenverfolgungen und ihre individuellen Opfer gar nicht interessieren,[238] wird auch Neuss keine Veranlassung gesehen haben, den Wahn im Mittelalter zu beleuchten, da die *Studien* eine direkte Antwort auf den *Mythus*, eine „Aufdeckung der Irrtümer"[239] sind und keine für sich stehende wissenschaftliche Ausarbeitung.

Mit seiner Berechnung endet das Thema ‚Hexen' in den *Studien*. Im dritten Teil, *Die Neuzeit*, knüpft Neuss nur noch an das aktuelle weltpolitische Geschehen an.

II.3 *Fazit zu den ‚Studien'*

Es wird anhand der Analyse der *Studien* sowie durch die versuchte Interpretation der einzelnen Textabschnitte vernehmbar, dass der Hexendiskurs im Dritten Reich eröffnet war. Es wird aber vor allem einsichtig, dass keine einheitliche Meinung zu dem Thema existierte, vielmehr auch gar nicht vorhanden sein konnte, da das Thema durch Rosenberg zum politischen und weltanschaulichen Mittel missbraucht wurde.[240] Es lässt sich überdies der Eindruck nicht verwehren, dass sich Neuss' Argumentationsstil schon im Buch selbst ändert. Während die Demontierung Grünwedels noch in Rosenbergs Stil geschieht, wird Neuss zusehends fachlicher, objektiver und wissenschaftlicher, indem er die Fakten neutral aufzählt und größtenteils belegt.

---

[237] Katarzyna LESZCZYNSKA, Bielefeld 2009, S. 240.
[238] Vgl. Katarzyna LESZCZYNSKA, Bielefeld 2009, S. 179.
[239] Wilhelm NEUSS, Köln 1947, S. 7.
[240] Vgl. Barbara SCHIER, München 1990, S. 49.

Bevor auf die Reaktion Rosenbergs geschaut wird, muss auf die Entstehung der „Neun Millionen Hexen" eingegangen werden, da aus dieser Zahl nationalsozialistische Kräfte bis heute Nutzen ziehen.[241] Wie auch die „Neun-Millionen-Theorie"[242] halten sich viele vermeintliche Forschungsergebnisse der Nationalsozialisten über Hexen bis heute hartnäckig.[243]

Auch wenn Rosenberg die konkrete Zahl nicht direkt auf die Hexenwahnopfer, sondern auf Ketzer bezieht,[244] ist diese dennoch in der Ansicht über die Hexenverfolgungen nicht unbedeutend, denn für ihn bilden Ketzer- und Hexenprozesse eine Kontinuität. Die Ketzerprozesse bedingen folglich für Rosenberg den Hexenwahn.[245]

Die Theorie, Millionen Hexen seien in den Flammen gestorben, war für frühe Hexenforscher nicht von Belang. Sie bemühten sich eher um eine zeitliche Einordnung.[246] Erst als die Aufklärung zu ihrem Höhepunkt gelangte und der Wahn schon länger vorbei war, begannen Forscher vereinzelt, eine Quantifizierung vorzunehmen, um die Hexenverfolgungen auch größenmäßig einordnen zu können. Ziel der Zahlennennung war die endgültige Abschaffung der Hexenprozesse. Ab Mitte des 18. Jhds. bewegte sich die Zahl der Opfer im „realistischen Bereich" um die 30.000, wobei der diese Zahl vertretende bayrische katholische Pfarrer Jakob Kollmann sich auf alle Toten in ganz Europa über alle Zeiten hinweg bezog. In Frankreich versuchte Voltaire 1769, über den Wahn aufzuklären und das Zeitalter Ludwigs des Sonnenkönigs zu verherrlichen. Er schätzte in dem Zusammenhang auch die Opfer und kam auf 100.000 Tote. Die hohe Zahl wurde von einer Reihe von Publizisten Ende des 18. Jhds. aufgegriffen, als eine Magd Januar 1783 als Hexe in der Schweiz hingerichtet wurde und ein Sturm der Entrüstung

---

[241] Wolfgang BEHRINGER, Neun Millionen Hexen. Entstehung, Tradition und Kritik eines modernen Mythos, in: Hartmut Boockmann, Joachim Rohlfes und Winfried Schulze (Hrg.), Geschichte in Wissenschaft und Unterricht, Band 49, Seelze 1998, S. 664.

[242] Ebd., S. 664.

[243] Vgl. Rita VOLTMER, Freiburg im Breisgau 2008, S. 115.

[244] Vgl. *Mythus*, S. 167.

[245] Vgl. Katarzyna LESZCZYNSKA, Bielefeld 2009, S. 290.

[246] Vgl. Wolfgang BEHRINGER, Seelze 1998, S. 664.

losbrach.[247] Elf Monate später erschien der Aufsatz *Etwas über die Hexenprozesse in Deutschland* von Gottfried Christian Voigt. Der Autor bezog sich auf Voltaire und kritisierte die Ziffer als viel zu niedrig, um einem Rückfall in den Wahn entgegenzusteuern. Daher stellte er Berechnungen an, um die Hexenwahnopfer zu kalkulieren. Das Archiv in Quedlinburg war seine Quelle, in dem er herausfand, dass in den letzten 30 Jahren des 16. Jhd. 30 Hexen hingerichtet wurden.[248] Er rechnete die Zahl 60[249] hoch auf das gesamte Europa und auf ca. 700 Jahre und kam dabei auf die Opferzahl von 9.442.994, vermutete aber noch weit höhere Summen. Der Anfang des Wahns war für Voigt das Pontifikat Gregors des Großen (590-604), weil der Papst „die Hexenprozesse eingeführt habe".[250]

Im 19. Jhd. schrumpfte die Zahl bei den Forschern wieder auf die Angaben Voltaires. Erst im Kulturkampf, der „Konfrontation zwischen Staat und Kirche",[251] publizierte der alttestamentliche Exeget Gustav Roskoff ohne Rücksicht auf Quellenkritik wieder die „Neun-Millionen-Theorie" und sorgte damit für die Verbreitung, so dass er als indirekter Urheber der Theorie gesehen werden kann.[252] Weitere Autoren nahmen die Zahl von Roskoff auf. Insbesondere protestantische Autoren hantierten mit den neun Millionen, während katholische Forscher zögerlicher waren.[253] Die Intention war vor allem die Polemik gegen das Infallibilitätsdogma,[254] welches im 1. Vatikanischen Konzil definiert wurde.[255] Das Thema und die hohe Opferzahl dienten der politischen Instrumentalisierung, allerdings in einem Kampf der Konfessionen.[256] Bei professionellen Geschichtsschreibern indes wurde die Zahl mit Vorsicht betrachtet und auf weit weniger geschätzt.[257]

Trotz der Kritik von Geschichtswissenschaftlern griff Rosenberg die Zahl auf. Die Hexenwahnopfer bezifferte er jedoch nur auf unbestimmte Millio-

---

[247] Ebd., S. 666.

[248] Vgl. ebd., S. 667.

[249] Da Voigt überzeugt war, dass die Zahl 30 unvollständig war, rundete er auf 60 auf. Diese Zahl entspringt also seiner Phantasie.

[250] Wolfgang BEHRINGER, Seelze 1998, S. 668.

[251] Ebd., S. 670f.

[252] Vgl. ebd., S. 670f.

[253] Vgl. ebd., S. 671.

[254] Vgl. Walter RUMMEL; Rita VOLTMER, Darmstadt 2008, S. 2.

[255] Vgl. Ulrich HORST, Unfehlbarkeit und Geschichte. Studien zur Unfehlbarkeitsdiskussion von Melchior Cano bis zum 1. Vatikanischen Konzil, Mainz 1982, S. 256.

[256] Vgl. Walter RUMMEL; Rita VOLTMER, Darmstadt 2008, S. 2.

[257] Vgl. Wolfgang BEHRINGER, Seelze 1998, S. 671f.

nen, aber bei den Ketzerverfolgungen der Kirche seien neun Millionen Menschen zu Tode gekommen.[258] Andere Naziautoren knüpften an die Zahl an. Insbesondere Mathilde Ludendorff und Frieda Reimerdes versuchten anhand der Summe, die Vernichtung von germanischen Frauen zu propagieren, wobei sogar zehn Millionen genannt wurden.[259] Sie deuteten die Hexenverfolgungen ‚feministisch' um.[260] Reimerdes Buch wiederum wurde als Quelle für nationalsozialistische Propagandamittel wie beispielsweise Schulungsbriefe verwendet, so dass sich die Zahl schnell verbreiten konnte. Andere Verfasser zitierten die evangelischen Publizisten, die im späten 19. Jhd. die „Neun-Millionen-Theorie" aufgegriffen haben.[261]

Während seriöse Lexika sich in den 1950ern und 1960ern auf geringere Zahlen von bis zu 200.000 Opfer beschränkten, „schwadronierte Ursula von Mangoldt"[262] 1965 in ihrem Buch aus dem „neuheidnisch-esoterischen" Bereich ebenfalls von neun Millionen. Auch andere Schriftsteller dieses Gebiets faselten davon, wobei davon auszugehen ist, dass ihre Quellen die NS- Literatur und nicht die von Voigt war. Auch Mathilde Ludendorff redete nach Kriegsende weiterhin von dieser hohen Zahl.[263]

Erst die neuere wissenschaftliche Forschung seit 1960 konnte mit dem Irrtum aufräumen, indem sie Quellen kritisch analysierte, welche die wahren Zahlen offenbaren. Dazu gehören Inquisitionsarchive, Briefe, Tagebücher oder Prozessakten. Durch die seriöse Wissenschaft ist die immense Zahl enorm geschrumpft, so dass heute wie schon zur Anfangszeit der Hexenrezeption von maximal 30.000 Opfern des Hexenwahns ausgegangen werden kann.[264]

Eigene Reflexion | Bei Behringers Skizzierung der Berechnung der Zahl lässt sich eine Ungereimtheit feststellen: Während Neuss Voltaire als den Begründer der „Neun-Millionen-Theorie" gesehen hat und dies auch belegen konnte, schreibt Behringer, Voigt sei der Urheber. Seltsam dabei ist, dass Voltaire laut Neuss auf die Zahl *neun Millionen* kommt, obwohl der humanistische Philosoph nicht auf neun Millionen Hexenwahnopfer, sondern auf

---

[258] Vgl. *Mythus*, S. 167.
[259] Vgl. Wolfgang BEHRINGER, Seelze 1998, S. 674f.
[260] Vgl. ebd., S. 683.
[261] Ebd., S. 657.
[262] Ebd., S. 677.
[263] Vgl. ebd., S. 676f.
[264] Vgl. ebd., S. 683.

neun Millionen Opfer durch christliche Aktionen allgemein gekommen sei, davon 200.000 durch die Inquisition.[265] Von der Zahl 100.000, die Behringer Voltaire zuschreibt, weiß Neuss nichts. Doch auch Voigt kommt auf die neun Millionen. Es liegt möglicherweise ein Zufall vor, dass sowohl Voltaire als auch Voigt unabhängig voneinander auf verschiedenen Wegen auf neun Millionen kamen, auch wenn Voltaires Zahl sich nicht nur auf Hexen bezog. Oder Neuss beachtete Voigts Berechnung nicht und ging nicht auf die von Behringer belegte Hexenzahl Voltaires von 100.000 ein, weil Neuss sein Augenmerk nur auf die Ketzer lenkte. Bei dieser Option ist es dennoch merkwürdig, dass Voltaire ohne Hexen zufällig auf *neun Millionen* kommt. Möglich ist auch, dass Behringer sich irrt und Voltaire und nicht Voigt als Erfinder der „Neun-Millionen-Theorie" gelten kann und Voigt nur seine Berechnungen auf einem schon vorhandenen, ihm bekannten Ergebnis aufbaute. Immerhin sagt Behringer, Voigt habe sich auf Voltaires Zahl bezogen, welche laut Behringer nur 100.000 ist. Sicher ist, dass sich Behringer und Neuss beim Urheber der Theorie widersprechen und viele ungereimte Fragen zurückbleiben, die an anderer Stelle zu untersuchen wären.

---

[265] Vgl. *Studien*, S. 52.

IV. ALFRED MILLER –
‚WISSENSCHAFT' IM DIENSTE DER DUNKELMÄNNER

IV.1 Historische Einordnung – Anfängliche Reaktionen
auf das Hexenthema der ‚Studien'

Da sich Adolf Hitler ohnehin nicht mit dem *Mythus* identifizieren wollte, [266] nahm er von dem Plan Abstand, Alfred Rosenberg zum Reichsminister für Erziehung und Unterricht zu ernennen,[267] nachdem er die *Studien* der Kirche gelesen hatte und sie plausibel fand. Er wollte einen Imageschaden von sich abwenden.[268]

Rosenberg selbst glaubte, seine Thesen entsprächen der Wahrheit. Deshalb überraschte ihn nicht nur die wissenschaftliche Reaktion der katholischen Kirche,[269] sondern jene überforderte ihn auch.[270] In sein Tagebuch schrieb er am 26.12.1934, dass sein *Mythus* mit einer Auflage von 250.000 Stück „ein Jahrhunderterfolg" sei und Rom deshalb alle Kräfte mobilisiert habe, um die *Studien* zu schreiben und ihn damit wissenschaftlich zu erledigen. Die *Studien* seien „geschrieben mit bekannten Tricks, im Grunde frech und fadenscheinig", so Rosenbergs private Auslegung.[271] Dass er in der Tat an seine Aussagen glaubte und jede Kritik als persönlichen Angriff empfand, bestätigte ein Mitarbeiter von Rosenberg.[272]

Daher suchte er Rat bei dem Germanisten und Herausgeber der völkischen Zeitschrift *Flammenzeichen*, Alfred Miller,[273] der schon einen Bekanntheitsgrad durch Schriften gegen das Judentum und gegen den Katholizismus erreicht hatte.[274] *Flammenzeichen* wurde 1927 von Miller gegründet und war ein „antiultramontanes Kampfblatt". Er bezeichnete sich als „völkischer Kämpfer der ersten Stunde". Allerdings wurde er durch Streitigkeiten mit

---

[266] Vgl. Wilhelm NEUSS, Köln 1947, S. 10.
[267] Vgl. ebd., S. 30.
[268] Vgl. ebd., S. 10.
[269] Vgl. Barbara SCHIER, München 1990, S. 55.
[270] Vgl. Katarzyna LESZCZYNSKA, Bielefeld 2009, S. 244.
[271] Barbara SCHIER, München 1990, S. 55.
[272] Vgl. Reinhard BOLMUS, Stuttgart 1970, S. 23f.
[273] Vgl. Katarzyna LESZCZYNSKA, Bielefeld 2009, S. 245.
[274] Vgl. Raimund BAUMGÄRTNER, Mainz 1977, S. 70.

der NSDAP unbedeutend. 1935 wurde sein Blatt nach Übernahme durch die Partei gleichgeschaltet, bevor es 1939 plötzlich nicht mehr erschien.[275] Mehr Informationen lassen sich über Miller nicht herausfinden.

Rosenberg ersuchte Miller in einem Brief am 17.11.1934, eine „scharfe Gegendarstellung" zu verfassen.[276] Schließlich habe Miller das große Archiv seines Verlags zur Verfügung. Insbesondere das Hexenthema sollte Miller behandeln, da die Widerlegung der *Tusca*-These Rosenberg sehr stark getroffen hat, wie der Tagebucheintrag Rosenbergs, der sich explizit zu dem Thema äußert, sowie das Kapitel in Rosenbergs Gegendarstellung, von dem später noch zu reden sein wird, belegen. Rosenberg war von seiner Etruskerthese sehr überzeugt und wollte, dass Miller diese wissenschaftlich verteidigt.[277] Miller erkundigte sich daraufhin bei einigen Wissenschaftlern, die ihm bescheinigten, dass die *Studien* nicht zu widerlegen sind,[278] da sie wissenschaftlich hervorragend seien. Vor allem bei der Suche nach dem Hexenwahnursprung bei den Etruskern machte Miller Rosenberg keine Hoffnung.[279] Daher bot er den Kompromiss an, diesen Teil der Argumentation nicht zu erwähnen, worauf Rosenberg vorschlug, Miller solle sich auf die Diffamierung der Kirche konzentrieren.[280] Auf diese Weise ließ sich Miller überreden und schrieb das Werk ‚*Wissenschaft' im Dienst der Dunkelmänner*. Miller ist nebst Rosenberg damit der einzige nationalsozialistische Autor, der auf die *Studien* eingeht und daher hier erforschenswert.[281]

---

[275] Gabriele BLUM, „Wirtschaft am Pranger": Die Berichterstattung des württembergischen „Kampfblattes" „Flammenzeichen" über unangepasstes Verhalten von Gewerbetreibenden, in: Cornelia Rauh-Kühne, Regionale Eliten zwischen Diktatur und Demokratie. Baden und Württemberg 1930–1952, München 1993, S. 248.

[276] Rosenberg an Miller, 17.11.1934 (BA NS 8/1), zitiert nach: Katarzyna LESZCZYNSKA, Bielefeld 2009, S. 245.

[277] Vgl. Rosenberg an Miller, 17.11.1934 (BA NS 8/1), zitiert nach: Katarzyna LESZCZYNSKA, Bielefeld 2009, S. 245.

[278] Vgl. Katarzyna LESZCZYNSKA, Bielefeld 2009, S. 245.

[279] Vgl. Barbara SCHIER, München 1990, S. 55.

[280] Vgl. Raimund BAUMGÄRTNER, Mainz 1977, S. 70f.

[281] Vgl. Katarzyna LESZCZYNSKA, Bielefeld 2009, S. 290.

IV.2 *Stilistischer Aufbau des Kapitels*

Miller geht in seinem Buch in dem Kapitel *Altgermanischer oder römischer Hexenwahn?* auf 26 Seiten auf das Thema bei einer Buchseitenzahl von 165 ein.[282] Er verfolgt in dem Kapitel mehrere Argumentationsstränge mit verschiedenen Thesen über den Ursprung des Hexenglaubens und die Ausbreitung des Wahns, die er allerdings sehr unübersichtlich darlegt. Immer wieder fällt er auf eine andere, schon erwähnte, aber unvollständig gelassene Hypothese zurück, so dass es dem Leser schwerfällt, ihm zu folgen. Dies könnte aber auch Taktik sein, um dem Leser nicht die Möglichkeit zu geben, die Thesen kritisch zu hinterfragen und die vorhandenen logischen Unstimmigkeiten zu entdecken. Daneben hat Miller höchstwahrscheinlich die Erkenntnis Adolf Hitlers übernommen, dass sich Argumente besser einprägen, wenn sie immer wieder an verschiedensten Stellen bekräftigt werden.[283]

Wegen der unübersichtlichen Konstruktion seines Textes muss die Analyse methodisch anders erfolgen als beim Rosenberg-Text: Die Thesen müssen kategorisiert werden.

Um seine Intention zu unterstreichen, legt Miller den Hexenglauben der alten Kirche dar. Dem folgend geht er auf das Frauenbild der Kirche ein, um zwischenzeitlich den Zauberglauben im Germanentum zu erläutern. Seine Argumentation läuft auf die Expertise hinaus, dass sich der christliche mit dem germanischen Hexenglauben vermischt hat. Dabei geht er der Frage nach, aus welchen christlichen Ingredienzien sich der Wahn entwickeln konnte.

IV.3 *Inhalt*

IV.3.a Miller und die Wissenschaftlichkeit des Alfred Rosenberg

Millers Intention war es neben der Diffamierung der Kirche, Rosenbergs Fehler und methodische Mängel zu verteidigen. Zu Beginn seines Buches schreibt Miller deswegen, dass der Wissenschaft nicht mehr alles geglaubt werden dürfe, denn insbesondere die Jugend setze jener das „pulsierende

---

[282] Vgl. Alfred MILLER, ‚Wissenschaft' im Dienste der Dunkelmänner, Leipzig 1935, S. 28-54.
[283] Vgl. Adolf HITLER, Mein Kampf, 851. Auflage, Leipzig 1943, S. 402.

Leben entgegen". Die Gegenwart sei wichtig, nicht die „Weisheit verstaubter Urkunden".[284] Es spiele ebenso keine Rolle, ob Rosenberg einigen Irrtümern erlegen sei, denn das Buch zeuge davon, dass es vorwärts geht und das Leben nicht in der Vergangenheit feststeckt. Es gehe Rosenberg nicht darum, Geschichtswahrheiten zu verfassen, sondern darum, die Geschichte in Zeiten des Aufbruchs weiterzubringen. Der *Mythus* beschwöre einen neuen Glauben, da er die neuen Werte des Volkes beinhalte. Daher gebe es für die neue Religion keine Quellen. Die Grundaussage des Glaubens ist für Miller „der Sieg des Lebens über den Geist, der Seele, aus Blut geboren, über den flügelnden und rechnenden Verstand". Für Miller zeigen die Verfasser der *Studien*, dass sie das Leben verachten.[285]

Eigene Impulse | Die einleitenden Worte Millers verdeutlichen, dass er erkannt hat, dass Rosenbergs Darstellungen wissenschaftlich nicht belegbar sind und keinen Sinn ergeben. Doch Miller legt einen „Wissenschaftsbegriff" zugrunde, gegen den keine Argumentation hilft, denn er deutet an, dass Rosenberg Theologie betreibt, ganz im Sinne der alten Kirche, die im Altertum das neue Christentum ausgelegt habe.[286]

IV.3.b Anklage gegen die Kirche

Miller beginnt das Hexenkapitel mit einer Anklage gegen jene, die das Deutschtum und das Christentum als Einheit sehen und beweisen wollen, dass das Germanentum vor der Missionierung durch die Christen viele düstere Aspekte gehabt hat. Ziel dieser Ankläger sei es, das Christentum besser dastehen zu lassen.[287] Berichte antiker Kirchenvertreter lassen nämlich laut Miller den Schluss zu, dass das Germanentum in einem falschen Licht dargestellt wird. Anstatt kirchlicher Quellen solle sich die Wissenschaft isländischer Quellen bedienen, um das Germanentum zu verstehen.[288]

Schon Kardinal Faulhabers Predigten beweisen laut Miller, dass die kirchliche Aufklärung nicht um die Wahrheit bemüht ist, sondern Erklärungen des Germanentums aus „40-Pfennigbroschüren" herausnimmt. Dies sei

---

[284] Vgl. Alfred MILLER, Leipzig 1935, S. 5.
[285] Vgl. ebd., S. 6.
[286] Katarzyna LESZCZYNSKA, Bielefeld 2009, S. 258f.
[287] Vgl. Alfred MILLER, Leipzig 1935, S. 28.
[288] Vgl. ebd., S. 50.

kein Versehen, sondern Bösartigkeit. Die Leute, die im Auftrag der Kirche über das Germanentum aufklären sollen, sind für Miller dieselben, die sich weder wissenschaftlich noch kritisch mit den eigenen Lehren auseinandersetzen, welche sie unter apostolischem Deckmantel verbreiten. Er erwähnt, dass er hiermit die Verfasser der *Studien* meint.[289]

IV.3.c Frühgeschichte des Hexenglaubens

Nach den einleitenden, anklagenden Worten kommt Miller auf das eigentliche Thema zu sprechen und greift die Selbstkritik Neuss' auf, der festgestellt hat, dass die Kirche den Hexenwahn nicht ausreichend bekämpft habe:[290] Die Vertreter der Kirche leugnen weiterhin den Anteil der Kirche am Hexenwahn. Stattdessen finden die Kirchenforscher laut Miller Elemente des Wahns im altgermanischen Volksgut. Damit haben sie Recht, sagt Miller, der nicht dementieren möchte, dass der Hexenglaube bei den Germanen vorhanden gewesen ist.[291] Es sei aber nur vereinzelt vorgekommen, dass eine Frau als Unholdin verschrien wurde.[292] Allerdings sei der Glaube an Hexen ebenso in der Kirche zu finden, was Miller zuerst verifizieren möchte, bevor er auf die Germanen eingeht.

Für die folgende Beschreibung der Genese des Wahns in der Kirche zog Miller Joseph Hansen zu Rate, da er dessen Publikation über Hexen für das renommierteste Standardwerk hielt[293] und Hansen in der Wissenschaft angesehen war, nicht nur bei den Nationalsozialisten.[294] Für Hansen stehe außer Zweifel, dass Zaubereivorstellungen eine „Menge von orientalischen Elementen" aufweisen. Die orientalischen Ideen beinhalten babylonische, gnostische und neuplatonische Teile:[295]

Für Miller steht, aufgrund Hansen, fest, dass es schon seit der Vorzeit in allen Kulturen Hexenvorstellungen gab,[296] wobei er den Wahn und den

---

[289] Vgl. Alfred MILLER, Leipzig 1935, S. 28.
[290] Vgl. *Studien*, S. 14.
[291] Vgl. Alfred MILLER, Leipzig 1935, S. 29.
[292] Vgl. ebd., S. 31.
[293] Vgl. Katarzyna LESZCZYNSKA, Bielefeld 2009, S. 259: Josef HANSEN, Zauberwahn, Inquisition und Hexenprozess im Mittelalter und die Entstehung der Großen Hexenverfolgung, München 1900.
[294] Vgl. ebd., S. 264.
[295] Alfred MILLER, Leipzig 1935, S. 30.
[296] Vgl. ebd., S. 32.

Hexenglauben differenziert betrachtet, denn den Wahn schreibt er der Kirche zu. Der Glaube dagegen sei in allen primitiven Völkern zu Hause, die sich die Natur nicht erklären konnten, auch im Germanentum. Allerdings habe er seinen Ursprung im Orient.[297] Dort sei er aus Dämonenvorstellungen heraus entwickelt worden, weil der Schritt von Dämonen zu Hexen nicht weit sei.

Der Hexenglaube der primitiven Völker habe die Vorstellungen umfasst, dass Frauen manipulativ auf ihre Umwelt einwirken konnten, wie das Reallexikon der Vorgeschichte laut Miller belegt. Daher habe es seit jeher die Abwehr von Hexerei in allen Völkern gegeben. So seien überall auf der Welt, auch später in der Kirche, Amulette hergestellt und Zauberbanne gesprochen worden. Ebenso habe das Verbrennen existiert, insbesondere im orientalischen Babylon. Dort wie auch später in der Kirche sei es aber nie zu einer Bekämpfung der Hexenangst im Volk gekommen, sondern zu einer Förderung durch Priester, da aus der Furchtsamkeit der Menschen ein einträgliches Geschäft erwachsen sei.[298] Außerdem diene der Wahn den perversen Begierden der Kleriker.

Es ist für Miller wichtig zu signalisieren, dass sich der heidnische Glaube des Orients wesentlich von dem Germaniens unterschied. Der orientalische Glaube mit jüdischen Elementen habe im Gegensatz zu dem des Germanentums die Existenz von Geistern und Hexerei weiter entfaltet. So stammen alle „Scheußlichkeiten" und „Perversitäten" aus dem Orient.[299] In der Kirche hätten sich schließlich die orientalisch-jüdischen Axiome ausbreiten können, da auch das Christentum aus dem „afrikanisch-orientalischen-römischen Raum" gekommen sei. Da das Christentum aus Gründen seiner Herkunft an sich bösartig gewesen sei, konnte dort die Dämonologie aufblühen, schreibt Miller weiter.[300] Dies sei vom Lexikon für Theologie und Kirche 1933 bestätigt worden.[301] Zudem haben unter anderem die Kreuzzüge und der Kontakt mit dem Orient endgültig dafür gesorgt, dass der Hexenwahn mitsamt der unappetitlichen Praktiken ins Christentum Einzug gefunden habe.[302] Aller-

---

[297] Vgl. ebd., S. 31.
[298] Vgl. ebd., S. 32.
[299] Ebd., S. 42.
[300] Ebd., S. 31.
[301] Vgl. ebd., S. 46.
[302] Vgl. ebd., S. 47.

dings habe das Christentum Widerstand geleistet. Dies führte jedoch nicht zum Erfolg, sondern zu einer immer tieferen „Verstrickung" in den Wahn.[303]

IV.3.d Der Hexenglaube in der Kirche

Das antike Judentum habe die Vorstellungen verbreitet, dass es böse, menschenähnliche Wesen auf der Ebene zwischen Gott und den Menschen gegeben hat.[304] Allerdings wirft Miller ein, dass dort nur sekundär Geister und Dämonen als vielmehr Gott selbst der Schädling gewesen sei. Die Ängste vor der Beeinflussung von Krankheiten und Katastrophen sowie der Bannung seien im Judentum analog zu den babylonischen. Als Beweis muss bei Miller Exodus 22,17 herhalten, in dem das mosaische Gesetz das Töten von Zauberinnen gebietet. Der Hexenglaube des Alten Testaments sei dann im Neuen Testament durch den Aspekt des Teufels als Gegner Jesu zugespitzt worden,[305] was daran gesehen werden könne, dass die Evangelien verlangen, gegen Zauberer als Teufelsdiener vorzugehen. Zauberei sei im Christentum daher das Synonym für die Huldigung des Teufels geworden. Der Satansdienst widerspreche nämlich der monotheistischen Vorstellung des Christentums.[306] Nachzulesen sei dies unter anderem bei Tertullian, der Zauberei als Götzendienst bezeichne. Aufgrund dessen sei die gesamte nichtchristliche Welt in den Augen der Kirchenväter ein einziges Ketzertum gewesen, wie die Berichte von Paulus, Augustinus und Tertullian ebenso bezeugen wie die Heidenverfolgungen unter dem „Deckmantel des Vorgehens gegen die Zauberei".[307] Hetzen gegen vermeintliche Hexen haben folglich Ketzerverfolgungen legitimieren sollen.[308]

Immer wieder muss Miller mit einem Satz auf die Germanen zurückkehren, um erklären zu können, wie der Hexenglaube der Kirche auf das germanische Volk überspringen konnte. Deshalb erwähnt er, dass Zaubereiimaginationen bei den Germanen auf die Idee zurückgehen, heidnische Götter seien Dämonen, zu denen die Götter von der Kirche beim Aufeinandertreffen mit dem Christentum degradiert worden seien,[309] wie Augustinus in *De*

---

[303] Ebd., S. 42.
[304] Vgl. ebd., S. 30.
[305] Vgl. ebd., S. 33.
[306] Vgl. ebd., S. 34.
[307] Ebd., S. 33.
[308] Vgl. ebd., S. 51.
[309] Vgl. Katarzyna LESZCZYNSKA, Bielefeld 2009, S. 259.

civitate Dei belege.[310] Der Kirchenvater habe die heidnischen Götter zu bösen Geistern dämonisiert,[311] die sich für ihr Verdrängen rächen wollten.[312] Miller sagt, dass Augustinus von der Wirksamkeit solcher Dämonen überzeugt gewesen sei, diese jedoch in Augustinus' Vorstellungen durch Beschwörungen gebändigt werden konnten.[313] Außerdem sei der Kirchenlehrer von der Erschaffung des Menschen durch Dämonen ausgegangen.

Als weiteres Beispiel nennt Miller Athanasius, der einen Beschluss der Synode von Laodicea darlegt, in dem Klerikern verboten werde, Amulette zu tragen und Zauberei zu betreiben. Dieses Exempel zeige Miller deutlich, dass Zauberei und Priestertum eng miteinander einhergehen.

Des Weiteren bekunden für Miller Dekrete von verschiedenen Päpsten, dass die Bekämpfung der Zauberei zum Wahn führte, denn die Kirche habe das Repertoire an Hexerei-Elementen, die von Zauberinnen betrieben worden seien, ebenso stetig komplettiert wie die Schutzmaßnahmeempfehlungen, so dass der Glaube an Hexen zur „Volkserziehung" geworden sei. Noch bevor das Christentum auf das Germanentum getroffen sei, habe die Kirche letzten Endes selbst daran geglaubt, dass reale Hexen ihr Unwesen treiben. Hexerei sei dementsprechend zum Verbrechen deklariert worden.[314] Als Bürgen nimmt Miller wieder Hansen, der ebenfalls festgestellt habe, dass sich die kirchliche Gesetzgebung seit dem 9. Jhd. stark auf das Hexenwesen konzentriert habe.[315]

Die Beispiele enthüllen Miller, dass es kein Wunder gewesen sei, dass sich durch das Dekret Karls des Großen, den Miller im Folgenden nur noch „Karl den Franken" nennt, der Glaube zum Wahn hochgeschaukelt habe,[316] denn dadurch sei der kirchliche Glaube auf das Volk übergegangen.[317] Allerdings sei Karl jedoch selbst nur auf kirchliche Priester und ihre Berichte über Hexenfresser hereingefallen, ihn treffe deshalb keine Schuld.[318] Aber durch das Gesetz sei erst die Panik vor Hexen entstanden. Miller sah zudem

---

[310] Vgl. Alfred MILLER, Leipzig 1935, S. 30f.
[311] Vgl. ebd., S. 30.
[312] Vgl. ebd., S. 37.
[313] Vgl. ebd., S. 30f.
[314] Ebd. S. 35.
[315] Vgl. ebd., S. 37.
[316] Ebd., S. 29.
[317] Vgl. ebd., S. 30.
[318] Vgl. ebd., S. 47.

in dem Gesetz im Gegensatz zu Neuss keinen Hinweis darauf, dass die Germanen an Hexen in der kirchlich ausgefeilten Form geglaubt haben.

Die Quellen seien der Beleg, dass es die Kirche geschafft hat, jenes zu fördern, welches sie zu unterdrücken versucht habe. Je mehr die Kirche versucht habe, sich aus dem Strudel des Hexenwahns zu befreien, desto mehr seien sie und das Volk hineingezogen worden.[319] Dagegen verdeutlichen für ihn die Quellen, dass der Hexenglaube im großen Ausmaß in der Kirche der ersten Jahrhunderte vorhanden gewesen ist[320] und kirchliche Autoren sich vor Hexen gefürchtet hätten, da sie an ihre Macht glaubten.[321]

IV.3.e Frauen in der Kirche – Die Hexerei und der Geschlechtsverkehr

Miller klagt daraufhin die Kirche an, sie schätze Frauen gering. Für ihn sei es deshalb nicht erstaunlich, dass Hexerei in der Kirche eng mit dem Geschlechtsverkehr mit dem Teufel verbunden sei. Schließlich habe schon Eva mit dem Verführer verkehrt. Auch Augustinus sei davon ausgegangen, dass sich Frauen dem Teufel, aber auch Fabelwesen wie Faunen hingaben. Dazu sei Augustinus zufolge ein Vertrag zwischen den beiden Teilnehmern abgeschlossen worden.

Miller zieht aus seinem Vorwurf gegen Augustinus die Ableitung, dass dieser dem Wahn des Mittelalters den Weg geebnet hat. Allerdings habe sich bis zum Mittelalter die „mittelalterliche-scholastische Anschauung dahingehend erweitert", dass körperlose Dämonen sich ein menschliches Aussehen verschaffen konnten, um Sex mit Frauen zu haben.[322] Diesen Vorstellungen habe die Kirche nicht entgegengewirkt, so dass sich die Angst vermehrte.[323]

IV.3.f Frauen bei den Germanen

Miller quittiert mehrfach die Existenz von der Vorstellung der Unholdin bei den Germanen. Ferner sei es Brauch gewesen, das Wetter durch Frauen beeinflussen zu lassen oder hellzusehen. Allerdings seien diese Frauen als

---

[319] Vgl. ebd., S. 29.
[320] Vgl. ebd., S. 34.
[321] Vgl. ebd., S. 30f.
[322] Ebd., S. 34.
[323] Vgl. ebd., S. 40.

Heldinnen verehrt worden, nicht als Hexen.[324] Sie seien weise Frauen, wie sie schon bei Tacitus „als besondere germanische Erscheinung" Erwähnung finden. Frauen haben ein „edleres Wesen" als das ihnen von der Kirche zuerkannte, so Miller.[325]

IV.3.g Grund des Eindringens des Hexenwahns ins Germanentum

Nach der Offenlegung seiner Theorie über die Schuld der Kirche fragt sich Miller, wie die Germanen diesen Wahn annehmen konnten. Gründe dafür findet er in der christlichen Mission. Die christlichen germanischen Frauen hätten sich jüdischen Riten wie den „Reinigungszeiten", die die Kirche übernommen habe, unterwerfen müssen. Da die Kirche frauenverachtend gewesen sei, wie das Verweigern des Altardienstes demonstriere, sei die jüdische Tradition der Verachtung auf fruchtbaren Boden gefallen und habe das ganze germanische Frauenbild komplett umgekehrt. Durch die Frauenverachtung sei es daneben zu einer Hetze gegen das Geschlecht gekommen, was die Durchsicht von Erzbischof Burchard von Worms Beschreibung eines Fragenkatalogs an vermeintliche Hexen aus dem Jahre 1000 darlege.[326] Es zeuge daher von Naivität, sich zu wundern, warum hauptsächlich Frauen verbrannt wurden, da die christliche Literatur des Mittelalters die „hohe Stellung der Frau" herabgesetzt habe.[327]

Daneben behauptet Miller, dass die Germanen bei der Christianisierung eine Abschwörungsformel sprechen mussten, die ihre eigenen Götter, wie oben schon entfaltet, ebenso wie die römischen und griechischen als heidnisch und dämonisch deklassiert habe. Damit seien die germanischen Götter als Teufel identifiziert worden.[328]

Auch auf die alten Kultorte der Germanen und deren vermeintliche Entweihung durch die Kirche kommt Miller zu sprechen. Besondere Stätten okkulter Rituale seien alten Haine gewesen, in denen nach germanischer Vorstellung Geister anzutreffen waren. Die Kirche habe dem Einhalt geboten, indem sie Kreuze an diesen Orten aufstellt habe. Die Germanen haben infol-

---

[324] Vgl. ebd., S. 52.
[325] Ebd. S. 40.
[326] Ebd., S. 40.
[327] Ebd., S. 50.
[328] Vgl. ebd., S. 30.

gedessen an die Effektivität solcher Maßnahmen geglaubt, so dass die Plätze zu Orten des Bösen geworden seien.[329] Die Germanen hätten daraufhin ihre Götter selber radikalisiert, so dass daraus ein Aberglaube entstanden sei.[330] Damit sei die germanische Überzeugung der ehemaligen „Allbeseeltheit" der Natur, also die Durchdringung allen Seins mit dem Göttlichen, gebrochen worden.[331] Ebenso habe ihr Glaube an Unholdinnen fanatische Formen angenommen,[332] so dass sich aus dem Aberglauben durch die Kirche der Hexenwahn im Volk entwickeln habe.[333] Immer tiefer seien die Vorstellungen in die germanische Welt eingedrungen, Frauen verbünden sich mit heidnischen Göttern, reiten auf Tierwesen, verwandeln sich selbst oder werden zu Werwölfen.[334] Besonders ausgeprägt sei auch die vom Christentum eingeschleppte Überzeugung gewesen, verstorbene Seelen kämen als „Wiedergänger" zurück, wobei Miller neben den anderen Hauptursprüngen diesen als Hauptgrund nennt.[335] Verheerend sei ebenfalls die Beibehaltung heidnischer Bräuche gewesen, welche zu christlichen avanciert und deshalb im Gedächtnis blieben seien.[336]

Miller entnimmt Teile dieser Beschreibungen von Albert Koeniger,[337] einem Kirchenhistoriker und katholischen Priester, der den Behauptungen Millers damit Autorität verleihen soll.[338] Koenigers Aussage deute darauf hin, dass die Verwirrung in der „germanisch-christlichen Mischzeit" groß gewesen sei. Das nichtexistente Hexentum sei als „schändlich" assoziiert worden und die Angst vor Geistern sowie die Panik vor Strafen der Kirche dadurch allgegenwärtig gewesen.[339]

---

[329] Vgl. ebd., S. 38.
[330] Vgl. ebd., S. 30.
[331] Ebd., S. 39.
[332] Vgl. ebd., S. 37.
[333] Vgl. ebd., S. 30.
[334] Vgl. ebd., S. 38.
[335] Ebd., S. 51.
[336] Vgl. ebd., S. 46.
[337] Vgl. ebd., S. 38.
[338] Vgl. Katarzyna LESZCZYNSKA, Bielefeld 2009, S. 260.
[339] Alfred MILLER, Leipzig 1935, S. 39.

IV.3.h „Christlich-germanische Mischzeit"[340]

Durch die Verschmelzung sei vom germanischen Volk in jeder Handlung Hexenwerk vermutet worden. Der christliche Dämonenglaube habe deshalb dafür gesorgt, dass die Germanen ihre „reinlich-ehrliche Haltung" abgelegt hätten und dann den Glauben übernommen haben, dass es eine Vielzahl an Zaubereien gab, um schwarze und weiße Magie zur Schicksalsbeeinflussung herbeizuführen. Miller zählt eine Reihe davon auf. So sollen die Germanen beispielsweise „männlichen Samen" und „Menstruationsblut" zu sich genommen haben, um die Fruchtbarkeit zu erhöhen. Von kirchlicher Seite sei das Sprechen des „Vater unser" gegen böse Zauber empfohlen worden. Folglich haben die Germanen Hilfe bei Priestern gesucht, um Schaden abzuwenden. Hier erwähnt Miller zum dritten Mal, dass das Geschäft mit der Furchtsamkeit sehr einträglich sei. Wie auch schon bei den frühen Christen seien Amulette verkauft worden, so dass sich die Ideen des Papsttums, deren „ekelerregendsten" er nicht nennen möchte,[341] in der Germanenwelt manifestiert haben.[342]

Zwar habe es unter den germanischen Kirchenmännern auch Gegner des Hexenglaubens gegeben wie die schon erwähnten Burchard von Worms und den Jesuiten Spee, doch die Stimmen seien nicht laut genug gewesen, um den von der Kirche immer wieder aufs Neue provozierten, „unbewusst" lancierten Wahn aufzuhalten.[343] Agobard von Lyon habe den Glauben an Hexen ebenfalls mit der Begründung verwehrt, dass nur Gott das Schicksal und das Wetter beeinflussen kann. Der Bischof habe zudem erkannt, dass Germanen diesem Aberglauben niemals ohne das Zutun der Kirche hätten verfallen können.[344] Aber durch kirchlichen Druck sei laut Miller das Hexentum, welches nicht existiere, bei den Germanen als unchristlich und damit schändlich assoziiert worden.[345]

Auf drei Seiten möchte Miller einen „kurzen Blick" auf die Historie der „Mischzeit" werfen. Dabei stellt er fest, dass der Wahn vom einfachen Volksglauben zu einer handfesten Theologie geworden sei, in der sowohl kirch-

---

[340] Vgl. ebd., S. 38.
[341] Ebd., S. 39.
[342] Vgl. ebd., S. 40.
[343] Ebd., S. 41.
[344] Vgl. ebd., S. 49.
[345] Vgl. ebd., S. 48.

liche Autoren als auch Fürsten die Wirksamkeit von Hexerei unter anderem auf das Wetter bescheinigten.[346] Desgleichen hält Miller in seiner Entstehungsschilderung fest, dass der Hexenglaube nur von kirchlicher Seite Einfluss auf die Germanen gehabt habe, aber niemals umgekehrt.[347] Er beschreibt wiederholt, wie christliche Theologen durch Dämonologie die Überzeugungen an die Hexenexistenz im Volk gemehrt haben sollen.[348] Aus der Theologie sei letztendlich die Inquisition hervorgegangen, die das Wesen des Germanentums vollständig verändert habe.[349] So habe das Thema Hexen auch ins Strafrecht Einzug gehalten, während bei den Germanen vor dieser „Mischzeit" nur Mord und Ähnliches gesühnt worden sei. In den Strafgesetzen aber sei nie der germanische Terminus für Hexe, *Hagaduzza*, verwendet worden, sondern das christliche „Schimpfwort" *Striga*.[350]

Paradoxerweise beginnt Miller Beispiele zu nennen, in denen die Kirche keine Hexen verurteilt, sondern gegen deren Denunzianten vorgegangen sei,[351] da deren Tun wie der Vollzug hexerischer Handlungen ein „Abfall von Gott sei".[352] Exemplarisch dafür sei eine irische Synode im Jahr 800, mit der Miller aufklären möchte, dass der Hexenglaube, der auch in Irland Fuß gefasst habe, nur dort aufgetreten sei, wo die Kirche Einfluss gehabt habe.[353]

Miller beschließt seine Argumentation mit der Feststellung, dass es insbesondere dort zum Wahn gekommen sei, wo die germanischen Traditionen keinen Einfluss mehr auf kirchlichen Glauben gehabt haben.[354]

Für ihn ist es sicher erwiesen, dass die Kirche des Wahns nicht Herr werden konnte. Aber er betont auch, dass erst die Macht der Kirche im Hochmittelalter den Hexenwahn hervorgebracht habe.[355]

---

[346] Ebd., S. 44ff.
[347] Vgl. ebd., S. 46.
[348] Vgl. ebd., S. 45.
[349] Vgl. ebd., S. 46.
[350] Ebd., S. 48.
[351] Vgl. ebd., S. 47.
[352] Ebd., S. 48.
[353] Vgl. ebd., S. 47.
[354] Vgl. ebd., S. 50f.
[355] Vgl. ebd., S. 53.

Millers Argumentationsstrang wird schon zu Beginn des Kapitels ersichtlich. Er möchte zeigen, dass die Kirche den Wahn zu verantworten hat. Daneben wird schnell deutlich, dass er zornig und emotional auf die *Studien* reagiert. Er beginnt nicht mit Wissenschaftlichkeit, sondern mit sarkastischen Beschimpfungen und reiht sich damit in die gleiche Riege wie Rosenberg ein. Er beschuldigt die Kirche und deren Geschichtsforscher, die Fehler stets bei anderen zu suchen und dabei die eigenen weiterhin zu vertreten. Dass vor allem Rosenberg die von Miller der Kirche vorgeworfenen Infamien in Bezug auf den vermeintlichen Gegner praktizierte, ist Miller gleichgültig.

Es ist sehr schwer, Millers Gedanken zusammenzufassen, denn sie sind sehr wirr und widersprechen sich. So bestätigt er zum einen, dass die Germanen den Hexenglauben kannten, woraufhin er dessen Ursprung jedoch im Orient verortet. Wie der Glaube gleichzeitig zwei Ursprungsorte haben kann, erschließt sich nicht. Daneben behauptet er an einer Stelle, das Germanentum habe keinen Einfluss auf die Kirche ausgeübt. An anderer Stelle erwähnt er dagegen, dass es ein Vergehen der Kirche war, germanische Traditionen zu übernehmen und zu christianisieren. Später registriert Miller, die Kirche habe die germanischen Bräuche dämonisiert, um weiter zu erklären, dass der Hexenwahn sich weniger in den Gebieten ausgebreitet habe, in denen germanische Bräuche Einfluss auf die Kirche ausgeübt haben. Welche dieser sich widersprechenden Hypothesen die richtige ist, lässt Miller offen. Es wird durch diese Gegensätzlichkeiten folglich gar nicht deutlich, auf welche ‚Wahrheiten' seine Argumentation hinauslaufen soll außer auf die Herabwürdigung der Kirche.

In diesen Missstand reiht sich die Tatsache ein, dass er scheinbar selbst nicht weiß, welche These er präferieren möchte, denn es findet sich sehr oft die Feststellung, dass die von ihm vorgestellte Theorie der Hauptgrund für die Hexenverfolgung gewesen ist. So ist sowohl die „Frauenverachtung" der Kirche die Hauptursache, während bei weiterer Betrachtung seines Pamphlets der eindeutige Ursprung des Hexenwahns im „Wiedergängerglauben"[356] der Kirche zu eruieren sei. Wieso diese Gegebenheiten den Hexenwahn evozierten beziehungsweise wie der weitere Entwicklungsgang bis zum Wahn aussah, darüber schweigt sich Miller aus. Die Liste von Miller

---

[356] Ebd., S. 51.

lässt sich noch um einige Hauptauslöser erweitern und zeigt, wie wenig er daran interessiert war, eine Eindeutigkeit herzustellen.

Auch seine Komposition der Gedanken erinnert an Rosenberg, denn beide Autoren strukturieren ihre Gedanken nicht, sondern wiederholen sich ständig an verschiedenen Stellen. Die Veranschaulichungen vom Gebot des Alten Testamentes zur Tötung von Hexen lässt sich drei Mal entdecken. Desgleichen zitiert er sowohl Bernhard Kummer als auch Agobard von Lyon mit demselben Satz, schreibt den Inhalt jedoch jeweils den Personen eigenständig zu.[357] All dies zeigt, dass Miller sich keine kritischen Gedanken über seine Quellen und über sein verfasstes Pamphlet gemacht hat.

Dementsprechend passt der Fall, dass Miller seine Aussagen stets unreflektiert und fragmentarisch zurücklässt. So wendet er sich beispielshalber den Germanen zu, verzichtet aber auf detaillierte Beschreibungen, um im nächsten Abschnitt thematisch bei den Babyloniern zu sein, woraufhin er sich anschließend wieder mit dem Christentum auseinandersetzt und sich schließlich wieder den Babyloniern zuwendet.

IV.5 *Vergleich zu Rosenbergs ‚Mythus'*

Um zu bestätigen, dass das Germanentum in der „Mischzeit" keinen Hexenwahn hervorrufen konnte, deutet Miller wie Rosenberg Fakten um, indem er beispielsweise Karl den Großen den Franken nennt, um zu verdeutlichen, dass Karl nichts mit dem Germanischen gemein hatte, sondern vielmehr fremden Blutes war. Dass das Frankenreich des Kaisers nicht nur Frankreich, sondern weite Teile Deutschlands umfasste, ignoriert er.[358]

Fernerhin nimmt Miller einige Behauptungen von Rosenberg an. So kann bei beiden die Herkunft des Hexenglaubens im Orient ausgemacht werden. Auch die Übernahme persischer beziehungsweise babylonischer dämonischer Vorstellungen ins Judentum und über diesen Weg weiter ins Christentum sieht Rosenberg in der Geschichte.[359]

Doch trotz dieser Gemeinsamkeiten gibt es gravierende Unterschiede in der Ansicht über den Ursprung des Hexenwahns. Miller argumentiert voll-

---

[357] Vgl. ebd., S. 49f.
[358] Vgl. Ernst BRUCKMÜLLER; Peter HARTMANN (Hrg.), Putzger. Atlas und Chronik zur Weltgeschichte, Berlin 2002, S. 69.
[359] Vgl. *Mythus*, S. 33, 78.

kommen anders als Rosenberg.[360] Er verteidigt Rosenberg zwar, indem er Rosenbergs Darstellungen als eine neue germanische Religion bezeichnet, doch im Verlaufe seines Kapitels zerlegt er diese neue Glaubensrichtung und propagiert eine andere. Das kann an seiner Feststellung wahrgenommen werden, dass es für ihn selbstverständlich feststeht, es habe den Hexenglauben in Germanien gegeben. Er geht damit konträr zu Rosenberg vor. Der *Mythus* argumentiert gegen die Hexenexistenz bei den Germanen, auch wenn sich Rosenberg nie auf eine eindeutige Negierung einlässt.

Ein weiterer Unterschied zu Rosenberg wird offenkundig. Miller behandelt als einziger Autor in der „*Mythus*-Debatte" F r a u e n als die Opfer des Hexenwahns.[361] Während Rosenberg sie nicht erwähnt und damit eine „Geschichte der Hexenprozesse ohne Hexen" schreibt,[362] beschäftigt sich Miller intensiv mit den Frauenbildern der Kirche und des Germanentums. So entwirft er detaillierte, wenn auch unwahre[363] Wertevorstellungen der Frau, um den angeblichen Antagonismus vorzustellen. Miller entwirft dafür das Bild eines Urmatriarchats, dessen Trägerinnen das Erbgut und das alte Wissen der „nordischen Rasse" tradierten.[364] Allerdings erwähnt er nicht, auf welche Weise sich die hohe Stellung der Frau im Umgang mit der Familie und den Männern repräsentiert haben soll.

Die wichtigste Differenz zu Rosenbergs neuem Glauben ist jedoch die Darstellung des Versagens der Kirche. Der Leser wird beim Studieren von Millers *Dunkelmänner* den Eindruck nicht los, dass Miller die These vertritt, die Kirche sei ungewollt, also aus Versehen, in den Hexenwahn geglitten, nachdem sie „zweifellos ehrliches Streben" gehabt habe.[365] Zwar habe die Priesterschaft die Absicht gehabt, sich mithilfe des Hexenglaubens zu bereichern, aber den Wahn hat sie, wie Miller selbst mehrfach darlegt, nicht beabsichtigt, sondern „unbewusst"[366] durch die gleichzeitige Bekämpfung von Hexen und Hexenglaubenden heraufbeschworen. An keiner Stelle kann gelesen werden, dass der Papst aus böswilligen Motiven den Wahn zur Unterdrückung der germanischen Bevölkerung initiiert habe. Ebenso ignoriert Miller Rosenbergs Beschreibung zur Genese des etruskischen Zaubererglau-

---

[360] Vgl. Barbara SCHIER, München 1990, S. 55.

[361] Katarzyna LESZCZYNSKA, Bielefeld 2009, S. 259.

[362] Ebd., S. 179.

[363] Vgl. Rita VOLTMER, Freiburg im Breisgau 2008, S. 112.

[364] Walter RUMMEL; Rita VOLTMER, Darmstadt 2008, S. 10.

[365] Alfred MILLER, Leipzig, S. 43.

[366] Ebd., S. 41.

bens sowie den Vorwurf der Dogmatisierung des Hexenwahns durch den Papst. Das liegt an dem Vorschlag, den Rosenberg Miller in einem Brief unterbreitete, „diesen Teil des Mythus fallen zu lassen", da Miller keine Nachweise für die Etrusker-These liefern konnte.[367]

Zudem geht Miller den *Studien* vergleichbar vor, indem er auf Zitation und die Belegbarkeit der Quellen achtet und damit den Eindruck der Wissenschaftlichkeit erweckt, auch wenn die kritische Prüfung fehlt. Das kann aber z. T. wie bei den *Studien* dem Zeitdruck geschuldet sein, dem Miller unterlag. Doch trotz der mangelnden Zeit sind die logischen Fehler nicht entschuldbar.

Es stellt sich auch die Frage, ob Miller begriffen hat, was Rosenberg schrieb, oder ob sein Blick zu fokussiert auf den Konflikt mit der Kirche war. Warum argumentiert Miller anders als Rosenberg und quittiert seinem Freund damit letztlich die jenem zugeschriebene Inkompetenz?[368]

Die Unterschiede zeigen, dass es dem nationalsozialistischen Autor gleichgültig ist, historische Fakten darzustellen. Er wollte den vermeintlich neuen Glauben des Germanentums für seine Intention instrumentalisieren, ohne dabei auf die Positionen und Ideen anderer einzugehen oder gar sie zu verstehen.

---

[367] Rosenberg an Miller, 7.2.1935 (BA NS 8/15), zitiert nach: Raimund BAUMGÄRTNER, Mainz 1977, S. 71.
[368] Vgl. Reinhard BOLLMUS, Stuttgart 1970, S. 24.

V. Rosenberg –
An die Dunkelmänner unserer Zeit

V.1 *Historischer Kontext*

Zur gleichen Zeit wie Miller schrieb Rosenberg seine Gegenschrift zu den *Studien*. Da sein *Mythus* auf den Index der Kirche gekommen war, fühlte er sich gezwungen, in der Broschüre *An die Dunkelmänner unserer Zeit. Eine Antwort auf die Angriffe gegen den Mythus des 20. Jahrhunderts* den Weltanschauungskampf endgültig zu eröffnen. Es bestehe die Notwendigkeit, in einen unerbittlichen Kampf gegen die römische Kirche zu treten, um deren Einflussbereich anzugreifen.[369] Das Werk wurde von der NS-Presse erwartet und erschien zeitgleich mit Millers Buch.[370]

V.2 *Der Gebrauch des Hexenwahns im Buch – Allgemein*

In dem Buch verteidigt Rosenberg auf 15 Seiten in zwei Kapiteln seine Thesen des *Mythus*. Er beginnt mit dem Kapitel über *Die magische Weltanschauung* der Kirche, um in *Der römische Hexenwahn* genauer auf das Thema einzugehen. Hierbei bedient er sich der gleichen Thesen wie im *Mythus*, nur bekräftigt er diese mit einer Vielzahl von Beispielen.[371]

V.3 *Inhalt*

V.3.a Magie in der Kirche

Rosenberg beginnt mit der Erklärung, warum er den Begriff des Medizinmannes eingeführt hat. Mit dem Terminus habe er unterstreichen wollen, dass die römisch-katholische Kirche wie die orientalischen Völker von der Herbeirufung von Wundern durch magische Handlungen überzeugt sei und damit den Gesetzmäßigkeiten der Natur das wahre Wunder abspricht.

---

[369] Vgl. Katarzyna Leszczynska, Bielefeld 2009, S. 246.
[370] Vgl. ebd., S. 245.
[371] Vgl. Katarzyna Leszczynska, Bielefeld 2009, S. 256.

Als Zeugnis führt er eine Predigt aus dem Jahre 1929 von Kardinal Faulhaber an, die dieser nach einer Fronleichnamsprozession gehalten hat. Da die Prozession aufgrund von Regen abgebrochen werden musste, habe der Kardinal gelehrt, dass Gott das Opfer nicht angenommen habe. Für Rosenberg steht fest, die Kirche glaube, das Wetter durch eine Prozession beeinflussen zu können. Rosenberg beschreibt die Gegebenheit sehr detailreich, aber genaueres könne nur ein Satiriker schreiben, meint er.[372]

V.3.b Der römische Hexenwahn

Sein Kapitel über den römischen Hexenwahn leitet Rosenberg mit der Anklage ein, die Kirche fuße seit jeher auf Unterdrückung und werde in Zukunft nur durch die Hypnotisierung ihrer Untergebenen bestehen. Zudem nennt er die „dreiste Behauptung, das ganze Hexenwesen sei eigentlich im germanischen Charakter begründet", eine Anmaßung. Wie Miller zitiert er mit sarkastischem Unterton den Satz von Neuss, die Kirche habe sich dem Hexenwahn nicht genügend entgegengestellt.[373] Um seine im *Mythus* aufgeworfenen Thesen zu den Verbrechen der Kirche zu untermauern, verweist Rosenberg auf das Werk *Der Jesuitenorden* des Grafen Paul von Hoensbroech, welcher von den „anonymen" Autoren der *Studien* als nicht wissenschaftlich entlarvt worden sei, der sich jedoch in Wahrheit der Gehirnwäsche der Kirche habe entziehen können. Für Hoensbroech und damit für Rosenberg haben die Jesuiten den Hexenwahn „gezüchtet" und damit für eine großräumige Entvölkerung Europas gesorgt. Durch Folter und erpresste Geständnisse seien mancherorts nur noch wenige Frauen übriggeblieben.[374] Dies sei im Namen christlicher Nächstenliebe und des Papstes an allen Völkern geschehen. Rosenberg wirft ein, dass es die Aufgabe moderner Geschichtsforscher sei, genaueres herauszustellen.[375]

Als Beispiel für die kirchlichen Vergehen zitiere Hoensbroech mehrere jesuitische Autoren, welche den Hexenwahn mit Hilfe der Bibel forciert haben. Jesus habe laut dieser Autoren den Wahn des Alten Testaments untermauert und verstärkt.[376] Außerdem hätten die Jesuiten geglaubt, Frauen

---

[372] Vgl. Alfred ROSENBERG, München 1935, S. 50 ff.
[373] Ebd., S. 56.
[374] Ebd., S. 57.
[375] Vgl. ebd., S. 58.
[376] Vgl. ebd., S. 59.

stünden mit dem Teufel im Bunde.[377] Rosenberg behauptet, dass nach Vorstellungen der Kirche zu einem Teufelsbündnis die Vermählung mit dem Satan gehöre, welche nach kirchlicher Imagination selten kinderlos geblieben sei. Die germanischen Vorfahren dagegen hätten keinen Teufelsglauben gehabt. Er entnimmt die Unterstellung der Zeitschrift *Bücherkunde*.

Ebenso sei das germanische Frauenbild ein anderes gewesen. Die Frau habe hoch im Ansehen gestanden, so dass es unmöglich gewesen sei, dass sich die Auffassung einstellen konnte, die Frau könne mit einem teufelsähnlichen Wesen Geschlechtsverkehr haben. Nur die Jesuiten und Männer der Kirche haben solch „perverse Gemeinheiten in ihren Hirnen" bekommen können, da sie jede natürliche Empfindsamkeit verloren haben.[378] Die Jesuiten seien nämlich keine „Urgermanen" gewesen, sondern Theologen. Sie haben laut Rosenberg dafür gesorgt, große Teile des Germanentums „auszurotten".[379] Das nordische Volk habe zwar Mythen und Götter, die sie aber zur Erforschung der Natur angeregt haben sollen.[380] Außerdem seien Sagen wie das Nibelungenlied Zeugnis der Naturerfahrungen sowie eines starken Charakters gegen das Papsttum.[381]

Demgegenüber stehe der orientalische Magieglaube, der „unmittelbar" von der Kirche mit ihren Vorstellungen von Fegefeuer, Ablasshandel und Gebeten fortgeführt worden sei.[382] Die Ideen über die Jahrhunderte hinweg beweisen, dass sich Unterdrückung und Gewaltherrschaft sowie falsche Suggestion durchsetzen konnten, bevor es zur Aufklärung gekommen sei, angestoßen durch europäischen Forscherdrang.[383] In den 1000 Jahren zuvor habe es, wie schon aus den dualistischen Beschreibungen auf den Seiten zuvor erkannt werden kann, einen ständigen Kampf zwischen der kirchlichen Weltanschauung, die die Ermordung von Ketzern und Hexen aufgrund der dämonischen Theologie zuließ, und der reinen, auf Naturforschung basierenden „arteigenen Lebensweise" der Germanen gegeben. Als Beispiel für die germanische Unkenntnis eines Hexenglaubens muss Tacitus fungieren. Dieser habe nicht über Hexenvorstellungen der Germanen schreiben können, da es sie nicht gegeben habe.

---

[377] Vgl. ebd., S. 58.
[378] Ebd., S. 61.
[379] Ebd., S. 58.
[380] Vgl. ebd., S. 59.
[381] Vgl. ebd., S. 60.
[382] Ebd., S. 59.
[383] Vgl. ebd., S. 60.

Auch Thomas von Aquin, der aus „dem Schoße der römischen Kirche" komme, habe in seiner *Summa theoligica* die Hexenlehre,[384] eine „widernatürliche Scheußlichkeit",[385] mithilfe der Bibel ausführlich beschrieben, was für Rosenberg bestätigt, dass nicht die Germanen, sondern das Christentum den Hexenwahn zu verantworten habe. Thomas von Aquin, den der Verfasser sarkastisch mit der kirchlichen Überlieferung als einen „engelsgleichen Lehrer" bezeichnet,[386] wird von Rosenberg mit der Darstellung Grünwedels aus den *Studien* verglichen, welcher angeblich ebenfalls „seiner perversen Verkommenheit" verfallen sei. Diese habe Thomas bekommen, weil er sich der Perversität seiner Umwelt, wie auch das germanische Volk, nicht habe entziehen können. Die Verfasser der *Studien* aber hätten Thomas' Aussagen aufgrund Inkompetenz nicht verstanden.

Im deutschen Volk habe es jedoch Widerstand gegen den Hexenglauben gegeben. Deutsche Priester haben sich geweigert, die Hexenlehre zu publizieren und weltliche Gerichte haben jesuitische Hexenurteile nicht vollstrecken wollen. Erst als der Papst sich 1484, dem Erscheinungsjahr des *Hexenhammers*, eingeschaltet habe, sei der Protest gebrochen worden, indem rebellisches Verhalten gegen den Hexenglauben sanktioniert worden sei. Wenig später sei daraufhin der Hexenwahn ausgebrochen.[387]

Rosenberg schließt seine Hassworte gegen die *Studien* mit der Zusammenfassung seiner Wahrheit: Die Lehre um die Hexen sei von Katholiken erdichtet und mithilfe des Alten Testaments zu einer Theologie komplettiert worden.[388] Die *Studien* hätten seinen *Mythus* nicht widerlegen können, sondern sich eigenhändig durch widersprüchliche Quellen „entlarvt".[389]

---

[384] Ebd., S. 61.
[385] Ebd., S. 62.
[386] Ebd., S. 61.
[387] Ebd., S. 62.
[388] Vgl. ebd., S. 63.
[389] Ebd., S. 64.

V.4 *Fazit*

Mit der Schrift über den Hexenwahn der Kirche wird deutlich, dass Rosenberg seinen *Mythus*-Thesen Nachdruck verleihen möchte und durch Beispiele zu untermauern versucht. Schwerpunkt seiner Argumentation ist auch dieses Mal die Darstellung des Dualismus zwischen der Kirche und dem europäischen Volk, wobei das europäische Volk nur den nordischen germanischen Teil beinhaltet.[390]

Ihm ist anzumerken, dass er zornig auf die *Studien* reagierte, die er augenscheinlich gelesen, aber nicht verstanden hat. Wie schon im *Mythus* verwendet Rosenberg in den *Dunkelmännern* keine aussagekräftigen Beweise, sondern nur propagandistische Mittel wie Wiederholungen oder rhetorische, aber unverschämte Fragen und herabsetzende Behauptungen,[391] wobei er sehr expressiv vorgeht.[392] Rosenberg gebraucht keine sachlichen Argumente.[393] Ebenso stammen Zitate wie im *Mythus* aus Sekundärquellen und werden von ihm nicht nachgewiesen. Auch wenn er auf seine eigene Toleranz Andersgläubigen gegenüber hinweist, zeigt sich anhand seines sprachlichen Stils, dass dem nicht so ist.[394] Stattdessen stellt er sich als Opfer der Kirche dar, dem dasselbe Schicksal wie den Hexen zuteil geworden sei. Rosenberg schreibt sehr polemisch und behauptet, die Kirche habe sich nicht kritisch mit philosophischen und historischen Problemen befasst, was er der dogmatischen Einengung der Kirche zuschreibt[395] und am Umgang mit Thomas von Aquin deutlich machen will. Daneben gibt er in den *Dunkelmännern* den Jesuiten die Schuld am Wahn,[396] klagt jedoch zugleich die Inquisition an, obwohl diese aus Dominikanern und Franziskanern bestanden hat. Den Grund der Hexenverfolgungen begrenzt er auf „klerikale Frauenfeindlichkeit".[397] Im *Mythus* dagegen findet sich dagegen die Macht- und Habgier des Papsttums,[398] die Jesuiten dagegen stehen dort nicht in Zusammenhang mit den Hexen.

---

[390] Vgl. Katarzyna LESZCZYNSKA, Bielefeld 2009, S. 256.
[391] Vgl. ebd., S. 247.
[392] Vgl. ebd., S. 254.
[393] Vgl. ebd., S. 249.
[394] Vgl. ebd., S. 247f.
[395] Vgl. ebd., S. 248.
[396] Vgl. Rainer DECKER, Darmstadt 2004, S. 109.
[397] Walter RUMMEL; Rita VOLTMER, Darmstadt 2008, S. 2.
[398] Vgl. *Mythus*, S. 67.

Bei seiner Darstellung fällt der Umstand ins Auge, dass er wie im *Mythus* die Hexenprozesse kaum anspricht, sondern sich auf die kirchliche und germanische Weltanschauung fokussiert.[399] Bei ihm dienen Frauen nur dazu, als hoch angesehene Mütter dazustehen, deren Blut vernichtet worden sei.[400] Frauen sind bei ihm nur Nebenfiguren, die stilistisch dazu dienen, die Reinheit der germanischen Männerwelt zu kennzeichnen.[401]

Auffällig an Rosenbergs Pamphlet ist der Unterschied zum fast zeitgleich erschienenen Buch von Alfred Miller. Rosenberg argumentiert wie im *Mythus* und erkennt nicht, dass Miller Rosenbergs *Mythus*-Thesen widerlegt hat. Es drängt sich damit die Frage auf, ob sich die beiden Männer abgesprochen haben oder Rosenberg eine Hassschrift verfasst hat, ohne über deren Wert nachzudenken.

Es ist anzunehmen, dass beide Autoren nicht gemerkt haben, dass sie zwei unterschiedliche Weltanschauungen propagiert haben, welche sich konsequent widersprachen. Die einzigen Übereinstimmungen, die sich finden lassen, sind die Diffamierung der Kirche sowie der Titel.

---

[399] Vgl. Katarzyna LESZCZYNSKA, Bielefeld 2009, S. 252.
[400] Vgl. ebd., S. 253.
[401] Vgl. ebd., S. 255.

Wie schon erwähnt, findet sich über die beiden nachfolgend analysierten Bücher der Kirche nichts in der Fachliteratur. Sie werden aber in Neuss' *Kampf gegen den Mythus* als Reaktionen auf Rosenbergs und Millers Bücher genannt und sind damit in den Kirchenkampf um den *Mythus* und die *Studien* einzurubrizieren. Daher mussten sie für die vorliegende Arbeit eigenständig untersucht und verglichen werden, damit die Veränderung in der kirchlichen Beweisführung zutage gefördert wird. Es ist deshalb merkwürdig, dass dieses Lexikon bisher keine Beachtung gefunden hat. Möglicherweise wussten es Schier und Lezczynska nicht in ihrer Argumentation anzuwenden, da es ihnen nicht primär um die Verteidigungsbemühungen der Kirche geht, sondern um die Argumentation der Nazis.

VI.1 *Historischer Kontext*

Die moderne Forschung ist sich einig, dass mit Rosenbergs Buch der Machtkampf von den Nazis gewonnen war und Rosenberg das letzte Wort in der Diskussion um die Hexen behielt.[402]

Allerdings haben Lezczynska und Schier einige Bücher übersehen, die sich mit dem Thema beschäftigten. 1937 gab der Erzbischof Konrad Gröber von Freiburg das *Handbuch der religiösen Gegenwartsfragen* heraus.[403] Es handelt sich um eine Art Lexikon, in welchem sich der Artikel *Hexen* mit dem Thema auf sieben Seiten mit dem gleichen ideellen Hintergrund wie die *Studien* beschäftigt.[404]

---

[402] Vgl. ebd., S. 287.
[403] Vgl. Konrad GRÖBER (Hrg.), Handbuch der religiösen Gegenwartsfragen, Freiburg im Breisgau 1937, S. 274-281.
[404] Vgl. Barbara SCHIER, München 1990, S. 92.

Der Artikel *Hexen* des Lexikons beginnt mit einer sachlichen Definition des Begriffs. Der Begriff stamme von dem schweizerischen Wort *Hagazussa* und bedeute die ‚Frau auf dem Zaun'. Anschließend erklärt der Artikel, welche Eigenschaften einer Hexe vom Volk zugeschrieben wurden. Das Volk bediene sich „altgermanischer Vorstellungen", wobei das Lexikon die volkstümlichen, schon bekannten Verbrechen von Hexen aufzählt.[405]

Im Anschluss daran wendet sich der Artikel dem Ursprung des Hexenglaubens zu. Der Hexenglaube des Mittelalters bestehe aus einer Mischung von östlichen und keltischen Ideen, wohingegen das Neue Testament nicht von Hexen im Sinne des Volksglaubens, sondern nur von der „Wirksamkeit des Teufels" spreche. Im Alten Testament werde zwar eine Hexe genannt, diese sei jedoch eine Totenbeschwörerin und keine Hexe, wie der Volksglaube des Mittelalters sie kennt. Den Hexenglauben habe die Bibel unterbinden wollen. Das zeige sich daran, dass nur Saulus, nicht aber Paulus Hexen verfolgt habe.

Im Folgenden führt das Lexikon die schon bekannten Quellen von Rothar dem Langobardenkönig und Karl dem Großen auf, um zu beweisen, dass sowohl der Hexenwahn als auch die Idee von bösen Dämonen und die Wirksamkeit von magischen Praktiken „heidnischen Ursprungs ist".[406]

Die Kirche habe versucht, der Überzeugung Einhalt zu gebieten. Durch den Kontakt mit dem Orient verfielen jedoch auch einige wenige Kirchenmänner und Päpste der Angst vor Hexen, da sie Kinder ihrer Zeit gewesen seien. Ein Großteil der kirchlichen Personen allerdings glaubte nicht an die Hexenexistenz. Im Volk habe sich jedoch die Furcht bis in die heutige Zeit durch Sagen und Geschichten verbreitet.

Das Lexikon wendet sich danach dem Wahn zu. Weltliche Gerichte haben römische Gesetze des 3. Jhds. aufgegriffen, in denen nach mosaischem Gesetz das Töten von Hexen durch den Feuertod geboten sei.[407] Auf Druck des Volkes habe sich diese Gesetzgebung durchgesetzt, auch wenn die Kirche versucht habe, den Wahn durch andere Gesetze einzudämmen.

Der Wahn habe sich schließlich im 13. Jhd. entflammt, als Angehörige von Sekten als Hexen verfolgt worden seien. Ihr magisches Verhalten sei

---

[405] Konrad GRÖBER (Hrg.), Freiburg im Breisgau 1937, S. 274.
[406] Ebd., S. 275.
[407] Vgl. ebd., S. 276.

durch die Inquisition festgestellt worden, bedauerlicherweise auch durch Folter.[408] In den darauffolgenden Jahrhunderten des extremen Wahns habe die Inquisition meist Milde walten lassen.[409] Die Angeklagten seien nach der Beweisführung der Kirche weltlichen Gerichten zwecks Urteil und Vollzug überantwortet worden. Vor allem aber hätten weltliche Gerichte unabhängig von der Kirche Ketzerverfolgung betrieben.

Das Lexikon fährt mit einer detaillierten Entwicklungsbeschreibung des Wahns im 13. und 14. Jhd. fort, indem es einzelne individuelle Prozesse in Frankreich und Deutschland darstellt, um anschließend auf den Wahn des 15. und 16. Jhd. einzugehen, welcher durch die Vermischung von volkstümlichem Aberglauben und gelehrter Wissenschaft erwachsen sei.[410] Die einzelnen Gebiete und Umstände, in denen Massenverfolgungen stattfanden, beschreibt das Lexikon sehr sachlich, um zu belegen, dass der Hexenwahn aus dem Volk entstand und durch weltliche Fürsten angenommen und intensiviert worden sei, kirchliche Personen aber ablehnend gewesen seien. Zu den Mitteln des Widerstands werden Traktate und Ausarbeitungen aufgezählt.[411] Aber auch die päpstliche Gesetzgebung von 1623 und der Widerstand der Inquisition gegen den Hexenhammer sowie von einigen Personen des Jesuitenordens wie Friedrich Spee werden erwähnt.[412]

Dies habe den Wahn jedoch nicht eindämmen können. Zu den unermesslichen Hexenverbrennungen haben vor allem der Protestantismus, dessen Initiatoren wie Luther dem Hexenwahn gehuldigt hätten, und der Dreißigjährige Krieg beigetragen.[413]

Am Ende wiederholt das Lexikon knapp die schon genannten Gründe, welche zum Wahn geführt haben sollen und sagt, dass die Opfer entweder untadelig waren oder sich nicht der Hexerei, sondern anderer Verbrechen schuldig gemacht haben.[414] Ferner weist er darauf hin, dass die Menschen nur dem Zeitgeist gefolgt sind, weil der Wahn sehr suggestiv gewesen sei.[415]

---

[408] Vgl. ebd., S. 277.
[409] Vgl. ebd., S. 279.
[410] Vgl. ebd., S. 277.
[411] Vgl. ebd., S. 278.
[412] Vgl. ebd., S. 279.
[413] Vgl. ebd., S. 278.
[414] Vgl. ebd., S. 280.
[415] Vgl. ebd., S. 281.

VI.3 *Fazit*

Der Lexikonartikel ist eindeutig eine Antwort auf Millers *Dunkelmänner*. Viele der von Miller angesprochenen Anschuldigungen werden hier wissenschaftlich und mit Quellenverweisen widerlegt. Dies ist auch nötig, da Millers Buch dem Lexikon in seiner Wissenschaftlichkeit in Bezug auf Quellen und Zitationen ähnelt. Daher sah sich die Kirche anscheinend genötigt, ein wissenschaftliches und sehr objektiv geschriebenes Buch herauszubringen. Das Lexikon analysiert die Definition und die Geschichte des Hexenwahns und versucht Gründe für diesen zu finden. Dabei folgt es einer Struktur, so dass ein einheitlicher Aufbau zu erkennen ist. Im Unterschied zu den bisher analysierten Aufsätzen dieser Arbeit gibt sich der Artikel in keinem Moment der Polemik hin oder beschuldigt die Gegenseite mit Hilfe von propagandistischen Stilmitteln und Beschimpfungen. Es ist die erste Ausarbeitung, die scheinbar nicht in einem Eilverfahren und mit den damit verbundenen Emotionen geschrieben wurde, sondern mit sehr viel Bedacht.

Trotz des sachlichen Gehalts lässt sich jedoch nicht leugnen, dass der Artikel seine Leser in die Richtung lenkt, der Kirche die Schuld abzusprechen. Dies schafft er aber überzeugend. Es finden sich keine logisch falschen Schlussfolgerungen wie in den bisher besprochenen Büchern.

VII. Wilhelm Neuss –
Das Problem des Mittelalters

VII.1 Historischer Kontext

Die Antwort der katholischen Kirche auf Rosenbergs *An die Dunkelmänner unserer Zeit* und Millers ‚*Wissenschaft'* im Dienst der Dunkelmänner war eine erneute Ausgabe der *Studien* mit einem langen Epilog. In dem Nachtrag der *Studien* findet sich jedoch außer der bekannten Diskreditierung von Rosenbergs Quellen nichts mehr über Hexen.

Es entsteht folglich der Eindruck, als ob das *Handbuch der religiösen Gegenwartsfragen* ein letztes Aufbäumen gegen die Propaganda des NS zum Thema Hexenwahn darstellt. Auch Schier und Lezczynska finden keine weiteren Angriffe auf den *Mythus*.

Doch in Wahrheit wurde noch ein Buch geschrieben. *Das Problem des Mittelalters* von Wilhelm Neuss. Das Buch erschien ursprünglich 1940 als Aufsatz in der Zeitschrift *Kunstgabe des Vereins für christliche Kunst im Erzbistum Köln und im Bistum Aachen* und tarnte sich als Beschreibung von mittelalterlichen Kunstwerken. „In Wirklichkeit [behandelte es jedoch] die Grundprobleme des Mittelalters", „auf deren Verständnis es gegenüber der nationalsozialistischen Geschichtsfälschung ankam". Das heißt, in dem Buch ging es um die Widerlegung der falschen Behauptungen der Nationalsozialisten.[416]

Vier Jahre später wurde der Aufsatz als Buch unter dem Titel *Das Problem des Mittelalters* vom Alsatia-Verlag publiziert, dem einzigen Verlag, der es noch wagte, „aktuelles katholisches Schrifttum herauszubringen". Beim Lesen des späteren Erinnerungswerkes *Kampf gegen den Mythus* wird deutlich, dass Neuss auf jenes Buch besonders stolz ist, insbesondere wegen des Tarnnamens. Die dahintersteckende Idee der List war, einer Zensur der Nazis zu entgehen in der Hoffnung, dass es für sie nicht der Mühe wert war, ein Buch über Kunst zu lesen.[417]

---

[416] Wilhelm Neuss, Köln 1947, S. 40.
[417] Vgl. ebd., S. 40f.

VII.2 *Das Hexenthema im Buch – Inhalt*

Im Fließtext des Buches finden sich kaum Informationen zum Hexenwahn. Lediglich vereinzelte Sätze sprechen die Problematik an. So wird die Verbindung zwischen Hexenprozessen und Inquisition im Verständnis der zeitgenössischen Menschen erwähnt. Das bedeutet, dass die Menschen im 20. Jhd. an die Inquisition dachten, wenn sie das Stichwort Hexen hörten. Mehr als dies sagt Neuss jedoch nicht über die kirchliche Gerichtsbarkeit. Zudem sagt Neuss als erster Wissenschaftler in diesem Diskurs die Wahrheit über den Zeitraum des Hexenwahns, der nicht im Mittelalter, „sondern in der Neuzeit, im 17 Jahrhundert" stattgefunden hat.[418] Über den Grund des Hexenwahns sinniert er nur, dass es volkstümliche Irrungen waren und die Kirche nicht die Macht besessen habe, sie einzudämmen.[419] Eine Zäsur in der Geschichte des Mittelalters sei der Einfluss der Germanen auf die Kirche gewesen. Das Germanentum habe seine alten Vorstellungen von Gottesurteilen, Zauberbeschwörungen und Fruchtbarkeitsriten mit ins Christentum gebracht.[420]

Die letzte Textstelle, an der Neuss den Hexenwahn augenscheinlich erwähnt, findet sich in der Feststellung des Dualismus zwischen Frömmigkeit und Religiosität der Menschen auf der einen Seite und dem Aberglauben und dem „Erstarken des Hexenwahns" andererseits. Zu dem Gegensatz habe es kommen können, weil die oberen Männer der Kirche die Gefahren nicht realisiert hätten und durch die Bistumsverwaltung eingeschränkt gewesen seien, dem Wahn entgegenzuwirken.[421]

VII.3 *Die Fußnote – Allgemein*

Mit diesen wenigen Verweisen endet die Besprechung des Themas ‚Hexen' in Neuss' Buch. Allerdings findet sich noch eine Fußnote, worunter sich aber keine Literaturangabe befindet, sondern ein sechsseitiger Aufsatz zu ‚Hexen', gut versteckt zwischen den Quellenverweisen im Anhang des Buches.

---

[418] Wilhelm NEUSS, Das Problem des Mittelalters, Kolmar 1944, S. 7.
[419] Vgl. ebd., S. 13.
[420] Vgl. ebd., S. 14.
[421] Ebd., S. 72.

Im Fließtext sind die Beschreibungen des Hexenglaubens von bescheidener Natur und diskreditieren unterschwellig die nationalsozialistische neue Glaubensvorstellung, konnten aber eventuell vor einer Prüfung durch die Nationalsozialisten gerechtfertigt werden. Daher scheint es, als ob Neuss die Darstellung der historisch-wissenschaftlichen Wahrheit versteckt. Die Vermutung liegt nahe, dass Neuss dachte, der nationalsozialistische Leser sei nicht gewillt, sie nachzuschlagen. Ein Hinweis auf die Idee des Verbergens bietet schon die ursprüngliche Form der Erscheinung als Beschreibung mittelalterlicher Kunst, obwohl diese nicht das Thema ist.[422]

VII.3.a Inhalt

Neuss leitet seine Darstellung mit der Klage ein, dass dem Hexenwahn aufgrund der tiefen Verwurzelung im Volk nicht beizukommen gewesen sei und Theologen und Fürsten dieser Zeit das Einschreiten aufgegeben hätten.

Die Verankerung des Hexenglaubens im Volk dokumentiert Neuss mit den schon vertrauten Quellen Karls des Großen, des Langobardenkönigs Rothar und der „Predigt des 8. oder 9. Jahrhundert", welche dem Aberglauben des Volkes entgegenzuwirken versucht haben.[423]

Allerdings sei trotz dieser Bemühungen unter anderem Karl der Kahle, Enkel des Großen, dem Aberglauben verfallen. Daher habe dieser ein Gesetz zur Hinrichtung von Hexen und deren Angehörigen erlassen, in dem es heiße, dass Hexen Schaden anrichten und sich die Kenntnis über die Zauberei nicht verbreiten dürfe. Lassen sich keine Zeugen für eine Untat finden, solle das Gottesurteil entscheiden.[424]

Die offizielle Kirche sei aber gegen den Hexenglauben gewesen, wie Neuss weiter erläutert. Auch hierzu führt er Quellen auf wie Burchard von Worms, der die Strafe für die Beschuldigung einer Frau als Hexe auf ein einjähriges Fasten festsetzt, da der Glaube vom Teufel komme. Ferner ziehe sich laut eines Briefes von Papst Gregor VII an Hakon von Dänemark ein Denunziant den Zorn Gottes zu.

Neuss nennt im weiteren Verlauf seiner Darlegung Fälle von Lynchjustiz

---

[422] Vgl. Wilhelm NEUSS, Köln 1947, S. 40.
[423] Wilhelm NEUSS, Kolmar 1944, S. 109.
[424] Vgl. ebd., S. 110.

des Volkes ungeachtet priesterlichen Widerstands[425] sowie den Sachsenspiegel, der den Wahn gefördert habe.

Neuss' Überlegungen zufolge haben kirchliche Schriftsteller letztendlich angefangen, den Hexenglauben zu theologisieren. Den Grund sieht Neuss zum einen darin, dass dem Glauben durch Eradikation nicht beizukommen war. Zum anderem habe die Meinung, der Glaube komme vom Teufel, zu der Überzeugung geführt, Hexerei sei vom Satan heraufbeschworen.

Eine Beglaubigung für diese Entwicklung sieht Neuss in der Beschreibung von Geistern in Augustinus *Filii Dei*. Der Kirchenvater beschreibe Engel aus der Genesis und verweise dabei auf griechische Sagengestalten. Die Ausführungen seien von Thomas von Aquin in der Engellehre aufgegriffen worden.[426] Thomas erkläre, dass Menschen sich Dämonen nicht leiblich hingeben können, eine Besamung ohne Geschlechtsverkehr aber dennoch möglich sei. Thomas' Schilderung habe zu einem Wachstum des Hexenglaubens geführt, weil die Menschen in dieser ein Bündnis mit dem Teufel, dem Kernpunkt des Hexenwesens, erkannt haben wollen.[427]

Neuss fährt mit der weiteren Entwicklung fort, die das Einschalten der im 13. Jhd. gegründeten Inquisition beinhaltet, weil ein Teufelsbündnis gleichbedeutend mit Glaubensabfall war und damit in die Zuständigkeiten der kirchlichen Organisation gefallen sei. Dadurch habe die Hexenfurcht Einzug in die Kirche gehalten, sei endgültig theologisiert worden und habe sich von den Alpen her in ganz Deutschland ausgebreitet.[428] Die Hexenbulle von Papst Innocenz VIII, die nach der Schuld der Frauen fragt,[429] sowie der *Hexenhammer* zeugen vom Einfluss des Wahns auf die Kirche.

Doch für Neuss hat nicht die Bulle, sondern Martin Luther dem „Nährboden" des Wahns, der Angst vor Unheil, Anlass zum Gedeihen gegeben. Er sowie andere Reformatoren hätten explizit gegen Hexerei gepredigt und zu Hass und Verfolgung aufgerufen,[430] indem sie die bekannte Stelle aus dem Buch *Exodus* herangezogen haben. Neuss rezitiert hier ausführlich aus einer Predigt Luthers und zieht die Konklusion, Luther habe enorme Schuld am Hexenwahn auf sich geladen. Neuss relativiert sein Urteil jedoch, indem

---

[425] Vgl. ebd., S. 111.
[426] Vgl. ebd., S. 112.
[427] Vgl. ebd., S. 112f.
[428] Vgl. ebd., S. 113.
[429] Vgl. ebd., S. 114.
[430] Ebd., S. 113.

er Luther ein Kind seiner Zeit nennt, welcher dem Volk nach dem Mund geredet habe, und die kirchliche Vernunft gegen die Hexenfurcht als Missstand deklariert.

Die protestantische Hinzunahme der Perikope aus dem Exodus habe viele weltliche Fürsten überzeugen können. Neuss nennt als Beispiel den Kurfürsten von Sachsen, der zur Sicherheit die Tötung jeder Person veranlasst, die glaube, eine Hexe zu sein.[431] Durch weitere weltliche Gesetze sei die Denunziation stark angestiegen und habe sich in ganz Nordeuropa ausgebreitet. Nur in Südeuropa, im Einflussbereich der katholischen Kirche, sei es trotz Hexenfurcht nicht zum Wahn gekommen.[432]

VII.4 Fazit und Beleuchtung der Entwicklung von Neuss' Werken

Die Schrift *Das Problem des Mittelalters*[433] unterscheidet sich in ihrer Struktur und ihrem Sprachstil grundlegend von den *Studien*. Das Kapitel ‚Hexen' ist im *Problem* sehr sachlich und objektiv geschrieben. Inhaltlich hat es den Anschein von Neutralität, auch wenn es diese selbstverständlich nicht aufweist, denn wie in den *Studien* bestreitet Neuss die Vorwürfe gegen die Kirche. Dies macht er sehr wissenschaftlich, indem er Quellen benennt und zitiert.

Auffällig ist in Neuss' zweitem Buch der logische und zusammenhängende Argumentationsstrang, um die Theorie zu untermauern, wie tief der Hexenglaube im Volk verwurzelt war. Alle Thesen bauen aufeinander auf und ergänzen sich. Die Fragen, welche sich beim Lesen ergeben, werden beantwortet. Im Gegensatz zu den *Studien* wird aber ein nordisches Volkstum in der Fußnote mit keinem Wort erwähnt, so dass nicht der Eindruck entsteht, Deutschland bestehe aus einem germanischen Urvolk und fremden Katholiken. Dabei unterscheidet sich Neuss nicht nur von seinem ersten Buch, den *Studien*, sondern insbesondere von Rosenberg und Miller. Im *Problem* ignoriert er einen Urdualismus, da es diesen in der Realität nie gegeben hat, Neuss sich dieses Umstandes bewusst ist und er es deswegen nicht für sinnvoll erachtet, diese Spekulation aufzugreifen. Dementsprechend verfährt er mit dem etruskischen Zaubererglauben, welchem er sich gleichfalls nicht widmet.

---

[431] Vgl. ebd., S. 114.
[432] Vgl. ebd., S. 115.
[433] Im Folgenden einfachheitshalber nur *Problem* genannt.

In diesem Zusammenhang ist auch zu erklären, dass sich im *Problem* überdies keine Beschuldigungen oder Beschimpfungen befinden, anders als in den *Studien*. Während Neuss in seinem ersten Buch Rosenberg und Grünwedel und eigene Meinungen in wütendem Stil kundtut, sucht der Leser im *Problem* vergebens nach wütenden Aussagen, so dass eine neutrale Darstellungsform erreicht wird. Die augenscheinliche Emotionalität, mit der sich Neuss Grünwedels *Tusca*-These in den *Studien* widmete und drei Seiten füllte, führte zu einer Reihe von Wiederholungen. In diesem Teil der *Studien* merkt der Leser am stärksten die innerliche Aufregung von Neuss, weil er die Lügen des *Mythus* lesen musste. Dies legt er in seiner Beschreibung im *Kampf gegen den Mythus* dar: „Es war mir nicht [...] leicht, den aufsteigenden Unwillen in [...] sachlicher Kritik im Zaume zu halten".[434]

Ebenso beschäftigt sich Neuss nicht mehr mit dem Inhalt des Hexenglaubens. Er beschreibt folglich keine abscheulichen Gegebenheiten mehr, die im Hexenwesen oder in der Hexenverfolgung praktiziert worden seien.

Daher fehlen auch suggestive Schlussfolgerungen. Während Neuss in den *Studien* Deduktionen wie das Verspeisen von vermeintlichen Hexen durch das Volk auf Grundlage von Gesetzen zieht und damit Abscheu beim Leser erzeugt, bestehen Meinungen im *Problem* aus nur einem Satz ohne anstößige Worte: „Man sieht, der ganze zukünftige Hexenprozeß kündigt sich hier schon an".[435]

Den Anstoß des Wahns im Volk sieht Neuss in den *Studien* in der Vermischung christlicher Lehren mit den Vorstellungen der Germanen von Dämonen, was zu einer Verstärkung von Furcht geführt habe. In der Fußnote des *Problems* wird eine Vermischung der Glaubensinhalte nicht mehr angesprochen, nur im Fließtext erwähnt er mit einem knappen Satz den Einfluss germanischer Traditionen. Anscheinend möchte Neuss die Schuld keinem nordischen Volk zuschreiben wie in den *Studien*, sondern eine sachliche Darstellung der geschichtlichen Umstände des Wahns des Mittelalters und der Neuzeit geben. Vielleicht hat er auch erkannt, dass er die Deutschen mit der argumentativen Vorführung von Germanen, die Hexen verfolgen, nicht überzeugen konnte und hat daher seine Strategie umgestellt. Aus diesen Gründen distanziert sich Neuss von einem monokausalen Ansatz für die Hexenverfolgung, wie er in den *Studien* in Form des Germanentums und im *Mythus* in Form der Kirche als Ursache zu finden ist.

---

[434] Wilhelm NEUSS, Köln 1947, S. 15.
[435] Wilhelm NEUSS, Kolmar 1947, S. 111.

Ein weiterer Unterschied ist die kirchliche Verantwortung. In beiden Büchern tragen kirchliche Autoren eine Mitschuld am Wahn. In beiden Fällen erwähnt er den *Hexenhammer*, wendet aber auch ein, dass die offizielle, institutionelle Kirche, von Rom gelenkt, gegen den Wahn gewesen sei. Allerdings relativiert er in beiden Schriften die Schuld, aber im *Problem* in anderer Form. Anders als im ersten Buch beschreibt er im *Problem* den kirchlichen Anteil breitgefächerter und wahrheitsgemäßer. In den *Studien* bestand die Schuld der Kirche für ihn darin, nichts gegen den Hexenglauben getan zu haben. Im *Problem* zitiert er dagegen vermehrt katholische Quellen, die die Furcht befeuert haben, so dass Neuss im *Problem* einräumen muss, dass sich aufgrund der kirchenväterlichen Schriften und wegen des vergeblichen Kampfes kirchlicher Amtsträger viele Theologen dem Thema in zerstörerischer Weise zugewandt haben. Von diesem Fakt ist in den *Studien* nichts zu finden, denn in dem Gegenbuch zu Rosenbergs *Mythus* sind kirchliche Schriften allenfalls Einzelfälle. Im *Problem* jedoch beschreibt Neuss nicht nur die Theologie des Hexenwahns, welche kein Einzelfall war, er benennt auch den Grund, weshalb viele kirchliche Personen und Fürsten in die Furcht geschliddert sind, nämlich den Teufelsglauben.

An dieser Differenz kann deutlich die Positionierung von Neuss im Diskurs ausgemacht werden. Die *Studien* waren ein Buch eines in die Enge Gedrängten, der mit allen Mitteln böswillige Unterstellungen energisch abwehren musste. Ein paar Jahre später war Neuss nicht mehr in einer aktuellen Verteidigungshaltung. Vielleicht wusste er, dass der ideologische Kampf von den Nazis gewonnen war und konnte im *Problem* der Kirche deshalb eine Teilschuld einräumen. Da er Historiker war, stellt er die geschichtliche Erkenntnis dar. Wahrscheinlich wusste er, dass er in den *Studien* nicht die ganze Wahrheit geschrieben hatte.

Einen breiten Raum nehmen die Schuld der Fürsten, aber auch des Protestantismus und vor allem Martin Luthers ein. Die These der Schuld Luthers wird in den *Studien* kaum erwähnt, im *Problem* allerdings dient die These dazu, den Blick von der katholischen Kirche auf die Protestanten zu lenken und die Schuld der Kirche auf diese Weise abzuschwächen. Im *Problem* wirft Neuss Luther Populismus vor. Der Reformator habe den Wahn gefördert, indem er das erzählt habe, was das Volk hören wollte, und den Inhalt radikalisierte.

In den *Studien* sind die Christen dagegen in den Wahn gestolpert, weil sie germanische Traditionen übernommen haben.

Daher wird die Predigt Luthers rezitiert. Der kritisierte Mangel, in den *Studien* keine Bestätigung für die protestantische Schuld zu liefern, wird im *Problem* bereinigt. Eventuell ist Neuss erst in den Jahren nach den *Studien* auf diese Quelle gestoßen. Vielleicht wollte er auch gewissenhafter arbeiten, da ihm die Fehler in den *Studien* aufgefallen sind. Zudem war er mit der Quelle gegen Kritiker seiner These gewappnet. Wahrscheinlich hat Neuss bei seinen Forschungen über die Jahre erkannt, dass die kirchliche Verantwortung nicht nur im Ignorieren des Hexenwahns gelegen hat. Folglich musste Neuss eine andere Möglichkeit finden, die Kirche aus der Schusslinie zu nehmen.

Eine weitere Vermutung für die Quantität des Themas, die sich aufdrängt, ist, dass Neuss sich im Kampf gegen den Nationalsozialismus von der evangelischen Gesamtkirche nicht ausreichend flankiert sah.[436] Neuss könnte enttäuscht sein und möchte auf diese Weise unterschwellig Kritik an der gegenwärtigen evangelischen Kirche üben. Schließlich schreibt er im *Kampf gegen den Mythus*, dass den Richtigstellungen des *Mythus* durch die katholische Kirche auf Evangelischer Seite eine ganz andere Resonanz gegenüberstand und der *Mythus* dort vielmehr zu der Diskussion führte, ob die Rosenberg'sche Deutsche „Glaubensbewegung" nicht doch die richtige sei. Bis auf die „Bekennende Kirche" wird keine evangelische Bewegung lobend erwähnt.[437] Damit war für Neuss das Thema ‚Hexen' weiterhin ein Instrument für den politischen Kampf, nicht nur gegen die nationalsozialistische Ideologie, sondern auch gegen Passivität in der evangelischen Kirche.

Das Thema von Rosenberg, welches in den *Studien* Anklang fand, ist die Ketzerverfolgung, die im Rahmen der Hexenverfolgung behandelt wurde, weil Rosenberg beim angeblichen Verfolgungszwang sowie bei den Opferzahlen ebenfalls nicht differenzierte. Im *Problem* werden jedoch die Hexen mit dem Wahn individuell thematisiert, Ketzer werden überhaupt nicht angesprochen. In dem Zusammenhang wird im *Problem* der Aufgabenbereich der Inquisition während des Hexenwahns im historischen Zusammenhang genauer erläutert, um sie von der ihr zugeschrieben Schuld freizusprechen,

---

[436] Vgl. Anke SILOMON, Widerstand von Protestanten im NS und der DDR, unter: Bundeszentrale für politische Bildung 21.3.2009: http://www.bpb.de/apuz/32092/widerstand-von-protestanten-im-ns-und-in-der-ddr?p=1. Abgerufen am 1.2.2017: Es gab Seitens der evangelischen Kirche keine „gesamtkirchliche Gegenwehr". Die „Bekennende Kirche", deren Überzeugungen auf Karl Barth basierten, war eine Minderheit im Widerstand. Die meisten Personen der Gegenwehr evangelischen Glaubens waren Teil der „Bekennenden Kirche" oder Einzelfälle.
[437] Wilhelm NEUSS, Köln 1947, S. 12.

den Hexenwahn aus sexueller Lust[438] forciert zu haben. Die Zahlen haben hier keine Relevanz. In den *Studien* werden die Inquisition und die Ketzerverfolgung beleuchtet, um die horrende Zahl der Opfer zu widerlegen.

Die Unterschiede machen deutlich, dass es einen Wandel bei Wilhelm Neuss gegeben hat. Gründe dafür waren die nicht mehr zwingende Widerlegung der falschen Fakten im *Mythus*. Daneben hatte Neuss mehr Zeit, sich der Thematik wissenschaftlich anzunähern und objektiv und sachlich zu schreiben. Der dritte Grund ist die Wut, die der Verfasser auf den *Mythus* und damit auf dessen Autor hatte. Neuss ließ sich durch sie dazu verleiten, mit sehr zornigem und emotionalen Anschlag eine Apologie zu verfassen, die wie Rosenbergs Pamphlet oft zynisch daherkommt und nicht nachzuvollziehende Thesen beinhaltet.[439] Der Schock über die radikale Herabsetzung der Kirche mithilfe erfundener Behauptungen ist in den Jahren wahrscheinlich verflogen. Neuss hat erkannt, dass der Kampf nicht mit Sarkasmus zu gewinnen ist. Er als Wissenschaftler war augenscheinlich der Ansicht, dass nur dass Vorlegen von belegbaren Fakten die nationalsozialistische Propaganda bezwingen konnte. Sein Vorbild war das *Handbuch der religiösen Gegenwartsfragen*, welches mit den gleichen Mitteln kämpft.

Zudem ist es möglich, dass Neuss nicht mehr subjektiv und gefühlsbetont schreiben konnte, weil eine solche Schreibweise die Aufmerksamkeit nationalsozialistischer Zensoren auf ihn gelenkt hätte. Zu der Zeit war es ohnehin kaum noch möglich, kritische Bücher zu veröffentlichen. Daher musste er das Buch sowohl nach außen hin als auch methodisch und inhaltlich als uninteressantes Sachbuch tarnen, um keine Aufmerksamkeit beim Gegner zu wecken. Im *Kampf gegen den Mythus* schreibt Neuss, dass aufgrund fehlender „Polemik" das *Handbuch der Gegenwartsfragen* erscheinen konnte.[440]

---

[438] Vgl. Walter LÖHDE, Hexenwahn und Hexenprozeß, in: Mathilde Ludendorff; Walter Löhde (Hrg.), Christliche Grausamkeiten an Deutschen Frauen, München 1936, S. 4.
[439] Katarzyna LESZCZYNSKA, Bielefeld 2009, S. 240.
[440] Wilhelm NEUSS, Köln 1947, S. 40; Neuss nennt den falschen Titel des Handbuchs.

VIII. Weitere Verwendung des Hexenthemas im Nationalsozialismus

Die Begeisterung für Hexen war für die Nationalsozialisten mit Rosenbergs *Dunkelmännern* oder den kirchlichen Antworten keineswegs abgeschlossen. Es gab zahlreiche weitere Möglichkeiten, die Hexenverfolgungen zu nutzen.

So gab es einen Anstieg des Interesses an Hexen, nachdem Rosenberg das Thema zur „Attraktion mit politischer Nutzanwendung" erhoben hatte.[441] Es entwickelten sich vielerorts Vereine, die sich dem Thema vor allem im Karneval widmeten und sich verkleideten, nachdem in Oldenburg 1933 die Kulthexe erfunden wurde.[442]

Auch Hitler äußerte sich zu Hexen. Mitschriften seines Sekretärs Martin Bormann bezeugen, dass Hitler beispielsweise am 3. Februar 1942 über den Hexenwahn nachsann, dessen Grausamkeiten aus dem Christentum gekommen seien. Auch über Priester und Jesuiten äußerte sich Hitler abfällig in Korrelation mit den Hexenverbrennungen. Dabei kamen ihm jedoch keine neuen Gedanken, sondern er resümierte, was er von anderen NS-Autoren gelesen hatte.[443]

Aber auch weitere Schriften entstanden, die sich der Thematik annahmen. Einige sind zwar durch den Diskurs zwischen Rosenberg und der Kirche angestoßen worden, beziehen sich aber weder auf die *Studien* noch auf den *Mythus* und können daher an dieser Stelle nicht intensiv bearbeitet werden. Einige Pamphlete sollen dennoch kurz vorgestellt werden.

Zu nennen ist ERNST MERKEL, einer der Mitarbeiter im *H-Sonderauftrag*. Er erforschte, inwieweit der Hexenglaube vom Teufelsglauben beeinflusst wurde. Er kam dabei zu einem nahezu ähnlichen Ergebnis wie Miller. Wegen der von der Kirche geschürten Panik vor dem Teufel und der nicht germanischen „Lehre vom Reich des Bösen" sei der Hexenwahn ausgebrochen.[444]

---

[441] Wolfgang BEHRINGER, Hexen. Glaube, Verfolgung, Vermarktung, 3. Auflage, München 2002, S. 94.

[442] Vgl. ebd., S. 94.

[443] Vgl. Rainer DECKER, Darmstadt 2004, S. 114.

[444] Ernst MERKEL, Der Teufel in hessischen Hexenprozessen, Giessen 1939, S. 13-19, zitiert nach: Katarzyna LESZCZYNSKA, Bielefeld 2009, S. 62-64.

Ein weiterer Aufsatz stammt von ARNOLD RUGE, Professor in Karlsruhe trotz mangelnden Sachverstandes[445] und ein Protégé Himmlers. Die Ausarbeitung lag kurz vor der Gründung des *H-Sonderkommandos* vor. Ruge wurde von Himmler gefördert, obwohl er wegen seines Fanatismus als „geistig unzurechnungsfähig" bewertet wurde,[446] so dass sich selbst Hitler von ihm distanzierte.[447] Ruges Ideen beeinflussten den Reichsführer-SS beim Aufbau des *H-Sonderauftrags*.[448] Die Ideen beider Männer waren vom Hass auf Juden, die katholische Kirche, Frauenemanzipation, Sozialismus und Liberalismus geprägt und schlugen sich in Ruges Schrift nieder.[449]

Im März 1937 wurde ein Schulungsbrief veröffentlicht, der das Thema unter dem Titel *Der Hexenwahn in zeitgenössischen Bildern* für die Bevölkerung aufbereitete.[450] Die Illustrationen stellen eine „christliche Verunglimpfung der Frau" dar, die als germanische Schutzherrin des Glaubens stilisiert wird. Im ganzen Heft werden Frauen gezeigt, die von der Kirche erniedrigt werden, um zu beweisen, wie arg die Kirche Frauen geächtet habe. Auch kurze Artikel und Tabellen angeblicher Opferzahlen weist der Schulungsbrief auf. Besonders hervorgehoben werden die Juden, die ebenfalls Frauen verachtet haben sollen.[451] Immer wieder taucht die Information auf, dass der Teufel vom Judentum und der Kirche erfunden wurde und das Germanentum frei von solchen Vorstellungen war.[452] Katarzyna Leszczynska hat den Schulungsbrief sehr ausführlich interpretiert.[453] Der Brief ist zwar kirchenfeindlich, aber weil die Kirche nicht direkt auf ihn geantwortet hat, kann er hier nicht in seiner Ausführlichkeit behandelt werden. Wahrscheinlich sind aber das *Handbuch der religiösen Gegenwartsfragen* und *Das Problem des Mittelalters* Reaktionen auf den Brief. Der Schulungsbrief zeigt die Dynamik des

---

[445] Vgl. Bernd OTTNAD, Badische Biographien, Stuttgart 1996, S. 244ff.

[446] Klaus GRAF, Eine von Himmler angeregte antikirchliche Kampfschrift Arnold Ruges (1881-1945) über die Hexenprozesse (1936), in: Sönke Lorenz; Wolfgang Behringer u. a. (Hrg.), Himmlers Hexenkartothek. Das Interesse der Nationalsozialisten an der Hexenverfolgung, Bielefeld 2000, S. 35f.

[447] Vgl. Bernd OTTNAD, Stuttgart 1996, S. 244f.

[448] Vgl. Klaus GRAF, Bielefeld 2000, S. 39.

[449] Vgl. ebd., S. 37.

[450] Vgl. Katarzyna LESZCZYNSKA, Bielefeld 2009, S. 275: Der Schulungsbrief war „das vom Reichsorganisationsleiter der NSDAP herausgegebene zentrale Monatsblatt [...] zur weltanschaulichen Schulung", seit März auch im „Kampf gegen die katholische Kirche".

[451] Katarzyna LESZCZYNSKA, Bielefeld 2009, S. 276ff.

[452] Vgl. ebd., S. 281.

[453] Vgl. ebd., S. 276-287.

Themas. Er ist auf die Darstellung von Frauen und deren Leiden fixiert, während Rosenberg sich zu Beginn des Diskurses nichts aus den Frauen machte. Das Blatt demonstriert aber auch das Inkonsequente in der NS-Ideologie, denn der Schulungsbrief widersprach in vielen seiner Thesen den Ausführungen Rosenbergs.[454]

Eine zu erwähnende Publizistin ist MATHILDE LUDENDORFF, die Ehefrau des Generals Erich Ludendorff. Sie publizierte 1934 zusammen mit WALTER LÖHDE, der unter dem Pseudonym W. v. d. Cammer bekannt war, das Buch *Christliche Grausamkeiten an Deutschen Frauen*. Es ist keine Hommage an Rosenberg, sondern eine Schrift „in eigener Sache".[455] Das Buch besteht aus zwei Aufsätzen der beiden Autoren. Die erste Ausarbeitung, *Hexenwahn und Hexenprozeß* von Löhde, liest sich wie eine Mischung aus den *Studien* und Millers *Dunkelmännern*. Es wird zum einen mit wissenschaftlicher Methodik gearbeitet, indem ein nachvollziehbarer logischer Zusammenhang aufgebaut wird und Thesen durch Beispiele und entsprechende Quellenbelege untermauert werden wie in den *Studien*. Zum anderen jedoch ist der Text gespickt mit suggestiven und die Kirche beleidigenden Äußerungen und dem von Rosenberg her bekannten Sarkasmus, die dem Leser keine Möglichkeit geben, kritisch über die Quellen nachzudenken. Auch inhaltlich werden häufig die gleichen Quellen wie in den *Studien* verwendet, jetzt aber kirchenfeindlich interpretiert. Zudem führt Löhde Personen wie den Jesuiten von Spee an, dem er den gleichen Vorwurf macht wie Neuss Luther im *Problem*: Spee sei dem Zeitgeist gefolgt.[456] Inhaltlich bietet das Pamphlet wenig Neues, ist aber interessant für Forschungen den ,feministischen' Nationalsozialismus betreffend,[457] welcher hier nicht behandelt werden kann. Es stellt sich die Frage, ob Neuss den Aufsatz von Löhde gekannt hat und diesen zum Teil als Vorbild für seine Methode genommen hat, da das *Problem* später erschien.

Der zweite Aufsatz des Buches, *Hexenmarterung auch durch protestantische Geistliche* von M. Ludendorff hat einen ganz anderen methodischen Ansatz. Die Hetzschrift startet mit den üblichen Beschuldigungen an die Kirche und beschreibt auf zwei Seiten die historische Entwicklung des Hexenglaubens, welcher von Babylon über das Judentum ins Christentum übergegangen

---

[454] Vgl. ebd., S. 281.
[455] Barbara SCHIER, München 1990, S. 57.
[456] Vgl. Walter LÖHDE, München 1936, S. 2-7.
[457] Vgl. Barbara SCHIER, München 1990, S. 57.

und schließlich von den Priestern ausgenutzt worden sei, um sich selbst zu bereichern und der eigenen Perversität zu frönen. Nach den einleitenden Worten beginnt Ludendorff, ein Beispiel einer Hexenjagd eines evangelischen Priesters zu erläutern, da die „Protestanten an Eifer und an Grausamkeit bei der Hexenverfolgung den Katholiken nicht allzu sehr nachstanden".[458] Auf sieben Seiten beschreibt sie sehr detailliert und mit allen Abscheulichkeiten versehen die Denunzierung, Folterung und Ermordung einer vermeintlichen Hexe, welche dem örtlichen Kleriker im Weg gestanden habe.[459] Dabei werden viele rhetorische Stilmittel verwendet, so dass die Hexe lebendig wird, sich der Leser mit dieser identifizieren kann und vor kirchlicher Grausamkeit erschauert. Die fantasievolle Ausschmückung ist anscheinend nötig, da der Skizzierung des Hexenprozesses jede Grundlage fehlt.

Die Beschreibung zielt eindeutig darauf ab, das Thema Hexen feministisch zu verwerten. Dies war allerdings von Rosenberg weder erwünscht noch erwartet worden,[460] insbesondere, weil es kategorisch gegen das Christentum als Ganzes geschrieben ist, während Rosenberg ein sog. ‚positives Christentum' gelten lassen wollte.

In den Bereich der völkischen Frauenbewegung lässt sich auch das Buch von FRIEDERIKE MÜLLER- REIMERDES[461] einordnen. Sie zu erwähnen ist interessant, weil sie Rosenbergs Idee vom „positiven Christentum" tadelte, da ihrer Meinung nach Millionen ahnungsloser deutscher Frauen dem Glauben verfallen seien. Deswegen sah sie ihre Aufgabe darin, über das Schicksal der von der Kirche gequälten Frauen in der Geschichte aufzuklären und veröffentlichte 1935 den fünfundsechzigseitigen Aufsatz *Der christliche Hexenwahn. Gedanken zum religiösen Freiheitskampf der deutschen Frau*.[462] Wie bereits erwähnt hatte sie großen Anteil an der Weiterentwicklung der Hexenvor-

---

[458] Mathilde LUDENDORFF, Hexenmarterung auch durch protestantische Geistliche, in: Mathilde Ludendorff; Walter Löhde (Hrg.), Christliche Grausamkeiten an deutschen Frauen, München 1936, S. 9.

[459] Vgl. ebd., S. 7-15.

[460] Vgl. Barbara SCHIER, München 1990, S. 57.

[461] Vgl. Friederike MÜLLER-REIMERDES, Der christliche Hexenwahn. Gedanken zum religiösen Freiheitskampf der deutschen Frau, in: Bernhard Kummer (Hrg.), Reden und Aufsätze zum nordischen Gedanken 26, Leipzig 1935.

[462] Barbara SCHIER, München 1990, S. 58.

stellungen in den 1970er Jahren.[463] Barbara Schier analysiert Reimerdes Artikel sehr ausführlich.

Ebenso beschäftigen sich Schier und Leszczynska mit den Schriften von EDMUND MUDRAK, WALTER JAIDE, OTTO HÖFLER und BERNHARD KUMMER. Die zwei letztgenannten Autoren lieferten sich einen ideologischen Kampf, bei dem es darum ging, wer am Ende die mächtigsten Männer des Reiches überzeugen konnte. Da sich diese Autoren aber nicht mit den *Studien* beschäftigten, sondern es ihnen um die innerparteiliche Macht ging,[464] werden sie in dieser Arbeit nicht behandelt.

Ebenfalls keine Beachtung kann hier die Abhandlung von ANTON MEYER, *Erdmutter und Hexe. Eine Untersuchung zur Geschichte des Hexenglaubens und zur Vorgeschichte der Hexenprozesse*, finden. Die Schrift des Professors an der philosophisch-theologischen Hochschule in Freising aus dem Jahre 1936 diente dem *Handbuch der religiösen Gegenwartsfragen* als Quelle und bezog sich wiederum auf Hansen.[465] Mayer legte dezidiert die Theorie dar, dass der Hexenglaube im Germanentum sowohl in der primitiven als auch in ausgefeilter juristischer Praxis vorhanden gewesen war, da die Furcht vor Hexen mit einem antiken Erdkult einherging.[466] Da Mayers Aufsatz sich mit der antiken Geschichte des Germanentums und dessen Religiosität auseinandersetzte und augenscheinlich keine Schrift war, die als Angriff oder Verteidigungsmittel im Kirchenkampf um Rosenbergs *Mythus* und Neuss' *Studien* eingesetzt wurde, ist sie in der Induktion um die Dynamik des Hexendiskurses kaum relevant.

---

[463] Vgl. Wolfgang BEHRINGER, Seelze 1998, S. 674.
[464] Vgl. Barbara SCHIER, München 1990, S. 61-67.
[465] Vgl. ebd., S. 67.
[466] Vgl. ebd., S. 69.

Es gibt noch einiges zu untersuchen im Hinblick auf den NS und seine Hexenforschung. Selbst die Erforschung der Verwendung des Themas im Kirchenkampf ist noch nicht abgeschlossen, da einige Bücher und Aufsätze weder in der vorliegenden Arbeit noch in der bisherigen Forschung zusammenhängend betrachtet werden.

Vor allem die knappe Erläuterung zur weiteren Thematisierung von ‚Hexen' hat dies deutlich gemacht. Es ist fernerhin offensichtlich geworden, dass das Thema im Gebiet des völkischen Feminismus genauer Analysen bedarf. Zwar haben Schier und Lezczynska die Aufsätze von Ludendorff und Reimerdes untersucht, aber diese nur in den Kirchenkampf eingeordnet. Eine Einordnung in einen anderen Kontext wie beispielsweise in das Verhältnis der Frauen zu Männern oder zu Hitler wäre eine weitere Untersuchung. Immerhin ließ sich die Hexenverfolgung nicht allein auf der Ebene des Kirchenkampfes instrumentalisieren. Der Weltanschauungskampf fand schließlich nicht nur mit der Kirche statt, sondern auch unter den Nazis, wie diese Arbeit herausgestellt hat. Auch wenn Lezczynska und Schier den ideologischen Konflikt anderer Autoren behandelt haben, scheint die Untersuchung der Hexenforschung im Kirchenkampf nicht abgeschlossen zu sein, da es noch einige Ausarbeitungen nationalsozialistischer Hexenforscher wie beispielsweise in der Zeitschrift *Reden und Aufsätze zum nordischen Gedanken* gibt.[467]

Ein weiteres Buch ist der Erforschung der Debatte im Kirchenkampf wert. Es handelt sich um das *Handbuch der Romfrage* von 1940, in dem sich MATTHES ZIEGLER zusammen mit ROSENBERG in einem zwölfspaltigen Kapitel der Hexenfrage widmete. Sie wärmten aber nur noch einmal die Etruskerthese auf. Es wendete sich gegen die *Studien* und dokumentiert, dass das Hexenthema für Rosenberg immer noch Relevanz hatte. Wahrscheinlich waren gerade die Hexen Rosenbergs späte ‚Passion', auch wenn er nach dem *Mythus* zuerst nicht glaubte, dass die Widerlegung seiner These ihn derart

---

[467] Vgl. Bernhard KUMMER (Hrg.), Reden und Aufsätze zum nordischen Gedanken, Leipzig 1935: Die „Reden und Aufsätze zum nordischen Gedanken" sind eine von Bernhard Kummer herausgegebene Zeitschrift. Die Aufsätze vergleichen vermeintliche Ideale der Kirche und des Germanentums.

ärgerte. Doch im Nachhinein fühlte er sich sehr angegriffen.[468] Ein Vergleich der Rosenberg'schen Bücher wäre spannend, aber die vorliegende Arbeit wollte sich vornehmlich mit den kirchlichen Reaktionen auf die nationalsozialistischen Ausarbeitungen beschäftigen.

Zudem wäre ein Blick auf die Literatur der Nationalsozialisten lohnend, um herauszufinden, welche Grundlagen sie für ihre Ideologien verwenden. Auch das hat Lezczynska schon in Anteilen getan, doch das zu sichtende Material ist vermutlich noch um einiges umfassender, wie der Fortschritt zeigt, den es allein von Schormanns ersten Analyseversuchen bis Lezczynska gegeben hat.

Auch der *Hexen-Sonderauftrag* Himmlers ist es wert, weiter erforscht zu werden. Die Kartothek ist noch nicht ganz durchsichtig und auch die Bibliographie könnten sich Historiker vornehmen. Außergewöhnlich ist, dass die Kartothek den Weg in die populäre Literatur gefunden hat. So schrieb der *Spiegel* im Jahr 2000 über die Kartothek unter dem Titel *Wo die Raben kreisen*, einer neugierig machende Überschrift.[469] 2007 veröffentlichte der *Stern* ebenfalls einen Artikel über *Heinrich Himmlers Hexen-Wahn*.[470]

Hexen und insbesondere die Rezeption des Wahns faszinieren die Menschen bis heute, so dass davon ausgegangen werden kann, dass sie auch in Zukunft ihren Weg sowohl in die Fachliteratur als auch in reißerische Artikel finden.

---

[468] Vgl. Barbara SCHIER, München 1990, S. 92.

[469] Vgl. Hans Michael KLOTH, Wo die Raben kreisen, unter: Spiegel Online, 10.01.2000: http://www.spiegel.de/spiegel/print/d-15376042.html. Abgerufen am 10.02.2017.

[470] Vgl. Joachim WEHNELT, Heinrich Himmlers Hexen-Wahn, unter: Stern Online, 25.12.2007: http://www.stern.de/politik/geschichte/zeitgeschichte-heinrich-himmlers-hexen-wahn-32 18250.html. Abgerufen am 10.02.2017.

X. FAZIT

Es wurden die verschiedenen Pamphlete in der Debatte um die Hexen im *Mythus* analysiert und interpretiert, um ein Bild zu zeichnen, wie sich sowohl die nationalsozialistischen Autoren als auch die kirchlichen Autoren, insbesondere Wilhelm Neuss, dem Thema genähert haben, wodurch aufgezeigt werden konnte, dass der Hexendiskurs nicht stagnierte, sondern Veränderungen unterworfen war, die sich vor allem in den beiden Büchern von Wilhelm Neuss ausdrücken. Zwischen den *Studien* und dem *Problem des Mittelalters* konnten große Unterschiede im methodischen Aufbau entdeckt werden. Aber auch Rosenberg veränderte seine Argumentation. Hinsichtlich des zynischen Schreibstils bleibt seine Vorgehensweise gleich, aber er widmete sich in seinem zweiten Buch dem Hexenthema unmissverständlicher und detaillierter. Zudem ist die Problematik in den *Dunkelmännern* in einem Kapitel zusammengefasst und nicht wie im *Mythus* im gesamten Buch verteilt. Doch seine Argumentation konnte wissenschaftlich nicht überzeugen, sodass zu dem Buch von Miller ebenfalls eine Diskrepanz besteht, obwohl sich beide Autoren im nationalsozialistischen Lager befanden.

Die Uneinigkeiten zwischen den nationalsozialistischen Schriftstellern, aber auch die Dynamik im ganzen Diskurs und die Veränderungen in der Argumentationsart zeigen, dass das Thema ideologisch und politisch instrumentalisiert wurde. Seine Bearbeitung wurde der jeweiligen Situation angepasst, um den Gegner zu diffamieren. Es ging den Autoren beider Seiten folglich nicht um die verbrannten Opfer oder um ‚Hexen'. Das Thema war nur der Aufhänger für Polemik, um dem Gegner große Schuld zuzuweisen und die eigene Machtstellung damit zu sichern. Auch beim Betrachten der kirchlichen Seite lässt sich nicht leugnen, dass es zum Teil darum ging, kirchliche Taten der Vergangenheit zu rechtfertigen.[471] Dies war jedoch nicht das Hauptziel der katholischen Autoren. Ihr primäres Anliegen war es, den Schaden, den die Nazis versuchten anzurichten, zu mildern. Dies sollte geschehen, indem sie die Geschichte der Kirche während der Hexenverfolgungen durch Wissenschaftlichkeit verteidigen. Lezczynska stellte jedoch fest, dass beide Fronten „Wissenschaft mit Voraussetzungen betreiben", das heißt, mit einer vorgefertigten Meinung in den Diskurs gingen und von

---

[471] Vgl. Katarzyna LESZCZYNSKA, Bielefeld 2009, S. 243.

vornherein klar war, in welche Richtung die Quellen zu interpretieren waren.[472] Dabei verschloss auch Neuss seine Augen vor offensichtlichen Fakten. Er gestand der Kirche nämlich nur eine Teilschuld zu, relativierte sie jedoch wieder, indem er anderen die Verantwortung zuschrieb: In den *Studien* den Germanen, im *Problem* den Protestanten. Neuss fehlte es letztendlich an nötigem Mut, sich kritisch mit der Vergangenheit auseinanderzusetzen, so Lezczynska.[473] Auch die vorliegende Arbeit hat versucht, diesbezügliche Mängel herauszustellen. Es wurde jedoch kenntlich gemacht, dass sich Neuss' Kritik an der Kirche im Laufe des Diskurses verstärkt hat.

Nebenbei lässt sich feststellen, dass die Historiker, welche sich mit der Rezeption der Naziforschung beschäftigt haben, oft ähnliche Beobachtungen gemacht haben wie die in der vorliegenden Arbeit angesprochenen, obwohl dafür zuerst die Originalquellen gelesen wurden, um die Ergebnisse hinterher mit den Historikern zu vergleichen, da von Anfang an wahrgenommen wurde, dass das Thema nur von wenigen Autoren ausführlich erforscht wurde und die Thesen nur durch die Interpretation der Quellen begründet werden können. Allerdings wurden auch einige Unstimmigkeiten entdeckt, in denen sich die heutigen Wissenschaftler widersprechen. Auch hier würde sich eine weitere Untersuchung lohnen, beispielsweise bei der Herkunft der Neun-Millionen-Theorie oder der Theorie um die weisen Frauen.

Der Hexenwahn ist eine Thematik, welche sich politisch hervorragend instrumentalisieren lässt, wobei die Rezeption aber gewaltigen Veränderungen unterliegt, vor allem *während* eines Diskurses, denn der muss stetig an die jeweilige Situation und an den Disputgegner angepasst werden, um die erwünschten Ergebnisse zu erzielen. Das Buch von Wilhelm Neuss, *Die Kirche des Mittelalters* von 1946,[474] demonstriert, welche Bedeutung das Thema im politischen Kampf erfährt, denn das Buch behandelt das Hexenthema nicht erwähnenswert, da es als Kampfmittel nicht mehr vonnöten war. Auch die kurze Darlegung der Rezeption der Opferzahlen hat gezeigt, dass der Hexenwahn als literarische Waffe in Krisenzeiten fungiert, in denen die Menschen Umbrüche erfahren, denn der Wahn ist durch die Vereinnahmung der Opfer aufgeladen mit Emotionen und Verschwörungstheorien.[475]

---

[472] Katarzyna LESZCZYNSKA, Bielefeld 2009, S. 291.
[473] Vgl. ebd., S. 243.
[474] Wilhelm NEUSS, Kirche des Mittelalters, Köln 1946
[475] Vgl. Katarzyna LESZCZYNSKA, Bielefeld 2009, S. 366.

Albrecht Dürer (1471-1528): Die Hexe, um 1500
commons.wikimedia.org

Literaturverzeichnis

QUELLEN

ERZBISCHÖFLICHES GENERALVIKARIAT (Hrg.), Studien zum Mythus des 20. Jahrhunderts. Amtsblatt des bischöflichen Ordinariats Berlin, Köln 1934.

Konrad GRÖBER (Hrg.), Handbuch der religiösen Gegenwartsfragen, Freiburg im Breisgau 1937.

Adolf HITLER, Mein Kampf, 851. Auflage, Leipzig 1943.

Walter LÖHDE, Hexenwahn und Hexenprozeß, in: Mathilde Ludendorff; Walter Löhde (Hrg.), Christliche Grausamkeiten an Deutschen Frauen, München 1936, S. 2-7.

Mathilde LUDENDORF, Hexenmarterung auch durch protestantische Geistliche, in: Mathilde Ludendorff; Walter Löhde (Hrg.), Christliche Grausamkeiten an deutschen Frauen, München 1936, S.7-15.

MARCUS MINUCIUS FELIX, Octavius 28, übersetzt von Alfons Müller, Octavius. Bibliothek der Kirchenväter, Band. 14, München 1913, unter: https://www.unifr.ch/bkv/rtf/bkv51.rtf. (Abgerufen am 20.02.2017).

Alfred MILLER, 'Wissenschaft' im Dienste der Dunkelmänner, Leipzig 1935.

Friederike MÜLLER-REIMERDES, Der christliche Hexenwahn. Gedanken zum religiösen Freiheitskampf der deutschen Frau, in: Bernhard Kummer (Hrg.), Reden und Aufsätze zum nordischen Gedanken 26, Leipzig 1935.

Wilhelm NEUSS, Das Problem des Mittelalters, Kolmar 1944.

Wilhelm NEUSS, Kirche des Mittelalters, Köln 1946

Wilhelm NEUSS, Kampf gegen den Mythus des 20. Jahrhunderts, Köln 1947.

Alfred ROSENBERG, Der Mythus des 20. Jahrhunderts, 33. Auflage, München 1934.

Alfred ROSENBERG, An die Dunkelmänner unserer Zeit, München 1935.

LITERATUR

Raimund BAUMGÄRTNER, Weltanschauungskampf im Dritten Reich: Die Auseinandersetzung der Kirchen mit Alfred Rosenberg, Mainz 1977.

Gabriele BLUM, „Wirtschaft am Pranger": Die Berichterstattung des württembergischen „Kampfblattes" „Flammenzeichen" über unangepasstes Verhalten von Gewerbetreibenden, in: Cornelia Rauh-Kühne, Regionale Eliten zwischen Diktatur und Demokratie. Baden und Württemberg 1930–1952, München 1993, S. 247-262.

Tatjana BINK, Als die Teufel fliegen lernten. Zur Genese des Hexenglaubens bis zur frühen Neuzeit, Göttingen 2008.

Wolfgang BEHRINGER, Neun Millionen Hexen. Entstehung, Tradition und Kritik eines modernen Mythos, in: Hartmut Boockmann; Joachim Rohlfes; Winfried Schulze (Hrg.), Geschichte in Wissenschaft und Unterricht, Band. 49, Seelze 1998, S. 664-685.

Wolfgang BEHRINGER, Der Abwickler der Hexenforschung im Reichssicherheitshauptamt (RSHA): Günther Franz, in: Sönke Lorenz; Wolfgang Behringer u. a. (Hrg.), Himmlers Hexenkartothek. Das Interesse der Nationalsozialisten an der Hexenverfolgung, Bielefeld 2000, S.110-134.

Wolfgang BEHRINGER, Hexen. Glaube, Verfolgung, Vermarktung, 3. Auflage, München 2002.

Reinhard BOLLMUS, Das Amt Rosenberg und seine Gegner. Studien zum Machtkampf im Nationalsozialistischen Herrschaftssystem, Stuttgart 1979.

Rainer DECKER, Hexen. Magie, Mythen und die Wahrheit, Darmstadt 2004.

Klaus GRAF, Eine von Himmler angeregte antikirchliche Kampfschrift Arnold Ruges (1881-1945) über die Hexenprozesse (1936), in: Sönke Lorenz; Wolfgang Behringer u. a. (Hrg.), Himmlers Hexenkartothek. Das Interesse der Nationalsozialisten an der Hexenverfolgung, Bielefeld 2000, S. 35-45.

Ulrich HORST, Unfehlbarkeit und Geschichte. Studien zur Unfehlbarkeitsdiskussion von Melchior Cano bis zum 1. Vatikanischen Konzil, Mainz 1982.

Harald IBER, Christlicher Glaube oder rassischer Mythos. Die Auseinandersetzung der bekennenden Kirche mit Alfred Rosenbergs „Der Mythus des 20. Jahrhunderts", Frankfurt am Main 1987.

Herbert JANKUHN, Spuren von Anthropologie in der Capitulatio de partibus Saxionae?, in: Nachrichten der Akademie der Wissenschaften in Göttingen aus dem Jahre 1968, Göttingen 1968, S. 59-71.

Ernst KLEE, Das Personenlexikon zum Dritten Reich. Wer, war was vor und nach 1945, Frankfurt am Main 2016.

Hans Michael KLOTH, Wo die Raben kreisen, unter: Spiegel Online, 10.01.2000: http://www.spiegel.de/spiegel/print/d-15376042.html. (Abruf am 10.02.2017).

Katarzyna LESZCZYNSKA, Hexen und Germanen. Das Interesse des Nationalsozialismus an der Geschichte der Hexenverfolgung, Bielefeld 2009.

Sönke LORENZ; Wolfgang BEHRINGER, Einleitung, in: Sönke Lorenz; Wolfgang Behringer u. a. (Hrg.), Himmlers Hexenkartothek. Das Interesse der Nationalsozialisten an der Hexenverfolgung, Bielefeld 2000, VII-X.

Jürgen MATTHÄUS, Kameraden im Geiste, Himmlers Hexenforscher im Kontext des nationalsozialistischen Wissenschaftsbetriebs, in: Sönke Lorenz; Wolfgang Behringer u. a. (Hrg.), Himmlers Hexenkartothek. Das Interesse der Nationalsozialisten an der Hexenverfolgung, Bielefeld 2000, S. 99-107.

Bernd OTTNAD, Badische Biographien, Stuttgart 1996.

Jörg RUDOLF, „Geheime Reichskommando-Sache!" – Hexenjäger im Schwarzen Orden. Der H-Sonderauftrag des Reichsführers-SS, 1935-1944, in: Sönke Lorenz; Wolfgang Behringer u. a. (Hrg.), Himmlers Hexenkartothek. Das Interesse der Nationalsozialisten an der Hexenverfolgung, Bielefeld 2000, S. 46-97.

Walter RUMMEL, Die Erforschung der sponheimischen und der kurtrierischen Hexenakten durch Mitglieder des H-Sonderauftrages, in: Sönke Lorenz; Wolfgang Behringer u. a. (Hrg.), Himmlers Hexenkartothek. Das Interesse der Nationalsozialisten an der Hexenverfolgung, Bielefeld 2000, S. 142-164.

Walter RUMMEL, Weise Frauen als Opfer der frühzeitlichen Hexenverfolgung?, in: Gudrun Gersmann; Katrin Moeller; Jürgen-Michael Schmidt (Hrg.), Lexikon zur Geschichte der Hexenverfolgung, unter: historicum.net, 15.2.2006: https://www.historicum.net/purl/jdztl/. Abgerufen am 15.9.2016.

Walter RUMMEL; Rita VOLTMER, Hexen und Hexenverfolgungen in der Frühen Neuzeit, Darmstadt 2008.

Barbara SCHIER, Hexenwahn und Hexenverfolgung. Rezeption und politische Zurichtung eines kulturwissenschaftlichen Themas im Dritten Reich, in: Kommission für Bayrische Landesgeschichte bei der Bayrischen Akademie der Wissenschaften (Hrg.), Bayrisches Jahrbuch für Volkskunde, München 1990, S. 43-115.

Barbara SCHIER, Hexenwahn-Interpretationen im „Dritten Reich", in: Sönke Lorenz; Wolfgang Behringer u. a. (Hrg.), Himmlers Hexenkartothek. Das Interesse der Nationalsozialisten an der Hexenverfolgung, Bielefeld 2000, S. 1-17.

Gerhard SCHORMANN, Hexenprozesse in Deutschland, Zweite Auflage, Göttingen 1986.

Gerhard SCHORMANN, Wie entstand die Kartothek, und wem war sie bekannt?, in: Sönke Lorenz; Wolfgang Behringer u. a. (Hrg.), Himmlers Hexenkartothek. Das Interesse der Nationalsozialisten an der Hexenverfolgung, Bielefeld 2000, S. 135-142.

Anke SILOMON, Widerstand von Protestanten im NS und der DDR; unter: Bundeszentrale für politische Bildung, 21.03.2009: http://www.bpb.de/apuz/320 92/widerstand-von-protestanten-im-ns-und-in-der-ddr?p=1. (Abgerufen am 01.02.2017).

Rita VOLTMER, Hexen, Freiburg im Breisgau 2008.

Joachim WEHNELT, Heinrich Himmlers Hexen-Wahn; unter: Stern Online, 25.12.2007: http://www.stern.de/politik/geschichte/zeitgeschichte-heinrich-himmlers-hexen-wahn-3218250.html. (Abgerufen am 10.2.2017).

Michael WILDT, Generation des Unbedingten. Das Führungskorps des Reichssicherheitshauptamtes, Hamburg 2003.

Hubert WOLF, „Wechsel in der Kampftaktik"? 75 Jahre nach Erscheinen der Enzyklika „Mit brennender Sorge", in: Andeas Batlogg (Hg.), Stimmen der Zeit, 137. Jahrgang, Heft 4/2012, S. 241-252.

NACHSCHLAGEWERKE

Wolfgang BENZ; Hermann GRAML (Hrg.), Lexikon des Nationalsozialismus, 5. Auflage, Stuttgart 2007.

Ernst BRUCKMÜLLER; Peter Hartmann (Hrg.), Putzger. Atlas und Chronik zur Weltgeschichte, Berlin 2002.

Helmut DIEHM (Hrg.), Der Brockhaus in einem Band, Leipzig 2000.

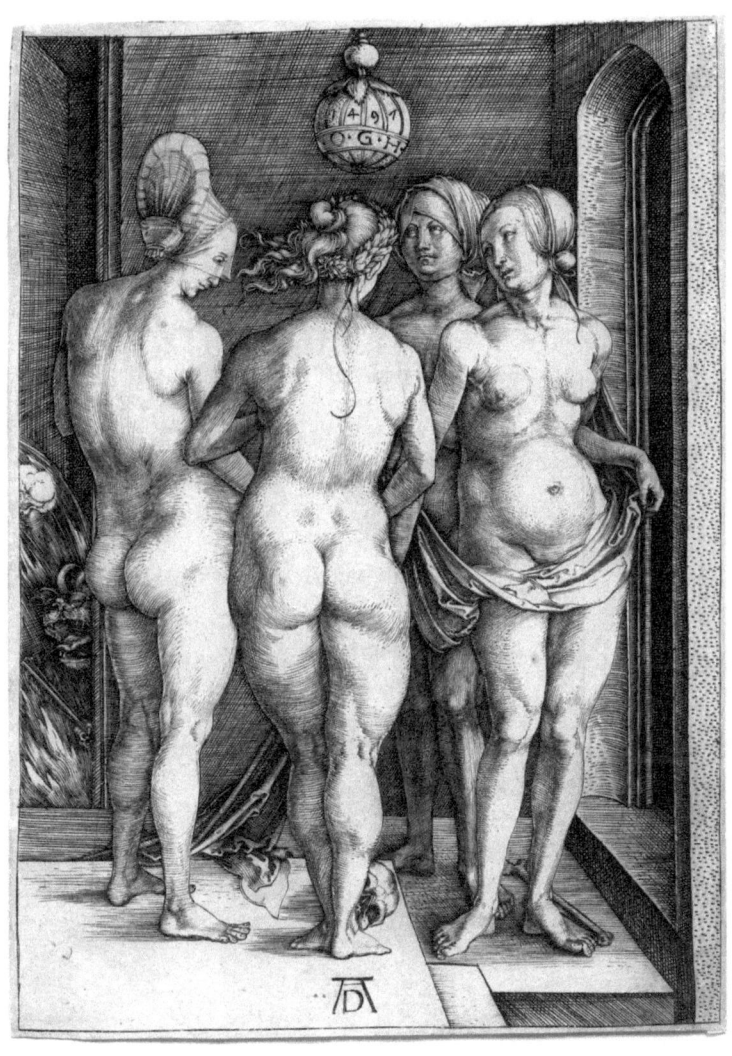

Albrecht Dürer (1471-1528): Vier nackte Frauen, 1491
commons.wikimedia.org

Reihe
Kirche & Weltkrieg

Band 1
Katholische Diskurse über Krieg und Frieden vor 1914.
Ausgewählte Forschungen nebst Quellentexten
Norderstedt 2020 – ISBN: 978-3-7526-7268-8

Band 2
Protestantismus und Erster Weltkrieg.
Aufsätze, Quellen und Propagandabilder
Norderstedt 2020 – ISBN: 978-3-7526-0414-6

Band 3
Frieden im Niemandsland.
Die Minderheit der christlichen Botschafter
im Ersten Weltkrieg – Ein Lesebuch
Norderstedt 2021 – ISBN: 978-3-7534-0205-5

Band 4
Katholizismus und Erster Weltkrieg.
Forschungen und ausgewählte Quellentexte
Norderstedt 2021 – ISBN: 978-3-7534-2805-5

Band 5
Franziskus Maria Stratmann O.P.: *Weltkirche und Weltfriede.*
Katholische Gedanken zum Kriegs- und Friedensproblem
Norderstedt 2021 – ISBN: 978-3-7534-3993-8

Band 6
Adolf von Harnack: *Schriften über Krieg und Christentum.*
„Militia Christi" (1905) und Texte mit Bezug zum Ersten Weltkrieg
Norderstedt 2021 – ISBN: 978-3-7534-1759-2

Band 7
Dietrich Kuessner
Die Deutsche Evangelische Kirche und der Russlandfeldzug
Norderstedt 2021 – ISBN: 978-3-7526-7109-4

Band 8
Heinrich Missalla
Die Kirchliche Kriegshilfe im Zweiten Weltkrieg.
Eine Organisation des Deutschen Caritasverbandes
Norderstedt 2021 – ISBN: 978-3-7534-9221-6

Band 9
Kriegsworte von Feldbischof Franziskus Justus Rarkowski.
Edition der Hirtenschreiben und anderer Schriften 1917 – 1944
Norderstedt 2021 – ISBN: 978-3-7543-2454-7
(Fester Einband ISBN: 978-3-7543-2143-0)

Band 10
Dietrich Kuessner
Der christliche Staatsmann
Ein Beitrag zum Hitlerbild in der Deutschen
Evangelischen Kirche und zur Kirchlichen Mitte
Norderstedt 2021 – ISBN: 978-3-7543-2629-9

Band 11
Werner Neuhaus, Marco A. Sorace (Hg.)
August Pieper und das Dritte Reich.
Ein katholischer Annäherungsweg hin zum Nationalsozialismus
Norderstedt 2021 – ISBN: 978-3-7543-4708-9

Band 12
Wolfgang Stüken:
Hirten unter Hitler.
Die Rolle der Paderborner Erzbischöfe Caspar Klein
und Lorenz Jaeger in der NS-Zeit
Norderstedt 2021 – ISBN: 978-3-7557-6020-7

Band 13
Peter Bürger – Ron Hellfritzsch (Hg.)
*Das Bistum Münster und Clemens August
von Galen im Ersten Weltkrieg*
Forschungen – Quellen
Norderstedt 2022 – ISBN: 978-3-7562-2428-9

Band 14
Heinrich Missalla
Rundbriefe und Predigtskizzen für die
deutsche katholische Wehrmachtseelsorge.
Eine Dokumentation zu Angeboten der
„Kirchlichen Kriegshilfe" 1940-1944
Norderstedt 2022 – ISBN 978-3-7562-3596-4

Band 15
Friedrich Erich Dobberahn
Kontroverse um ein Anti-Kriegs-Buch
Die Sprachverbrechen der Theologie 1914-1918
und die klerikale Sackgasse einer Rezension
Norderstedt 2023 – ISBN 978-3-7578-8929-6

Band 16
Manuel Hartmann
Hexendiskurs in der NS-Zeit und die katholische Kirche
(Kirchengeschichte | Masterarbeit, 2017)
Norderstedt 2024. – ISBN: 978-3-7583-8760-9

Verlag: Books on Demand
https://www.bod.de/buchshop/

Internetseite zum Editionsprojekt:
https://kircheundweltkrieg.wordpress.com/